U0853671

DATA ANALYTICS FOR CORPORATE DEBT MARKETS

企业债投资市场数据分析

Using Data for Investing, Trading, Capital Markets, and Portfolio Management

从入门到精通

[美] 罗伯特·克里切夫 (Robert S. Kricheff) ◎ 著

刘乃达 戴祥立 ◎ 译

中国人民大学出版社

· 北京 ·

图书在版编目（CIP）数据

企业债投资市场数据分析：从入门到精通 /（美）克里切夫著；刘乃达，戴祥立译 .— 北京：中国人民大学出版社，2016.6

ISBN 978-7-300-22459-6

Ⅰ.①企… Ⅱ.①克… ②刘… ③戴… Ⅲ.①企业债务–债务管理—数据处理 Ⅳ.① F275

中国版本图书馆 CIP 数据核字（2016）第 025507 号

企业债投资市场数据分析：从入门到精通

[美] 罗伯特·克里切夫　著

刘乃达　戴祥立　译

Qiyezhai Touzi Shichang Shuju Fenxi : Cong Rumen Dao Jingtong

---

出版发行	中国人民大学出版社		
社　　址	北京中关村大街 31 号	**邮政编码**	100080
电　　话	010-62511242（总编室）		010-62511770（质管部）
	010-82501766（邮购部）		010-62514148（门市部）
	010-62515195（发行公司）		010-62515275（盗版举报）
网　　址	http://www.crup.com.cn		
	http://www.ttrnet.com（人大教研网）		
经　　销	新华书店		
印　　刷	北京中印联印务有限公司		
规　　格	170mm×230mm　16 开本	**版　次**	2016 年 6 月第 1 版
印　　张	15　插页 1	**印　次**	2016 年 6 月第 1 次印刷
字　　数	213 000	**定　价**	55.00 元

目录
CONTENTS

第十部分 数据分析前景

第一部分

引言

罗伯特·克里切夫

本书介绍了目前在企业债市场数据分析工作中经常运用到的主要工具和分析方法，并讨论了当今不同终端用户在企业债市场中运用这些分析工具时所使用的典型方法。

虽然公司的信贷基本面分析仍然是投资过程中极其重要的一个环节，但是数据分析可以帮助投资者提高决策速度。就像医生使用X光检查病人身体哪里需要手术那样，数据分析能帮助投资者在投资过程中发掘重点。

如果使用得当的话，数据分析可以为投资者的策略提供宝贵的建议。此外，它也是衡量投资组合表现和交易部门业绩的强有力工具。市场变化无常，而数据分析能直接揭示到底哪些因素正在影响着市场。投资者们可以通过这些工具，从直观、相对两方面密切跟踪市场的变化。

本书还介绍了一些常用术语和工具，如指数和数据库，描述了这些工具是如何分析比较市场间、板块间走势强弱的，并以此制定相应的投资方向，随后我们就可以根据投资方向挑选出那些符合投资的债券。此外，本书还讲解了投资者们应该如何分析短期内市场中的供求状态，以及一些其他会用到数据分析的领域。

需要说明的是，本书不是编程或系统设计的教程，但它会针对数据分析提供一些指导性建议，并展望了这些分析方法的未来发展方向。

01 数据分析概述

企业债市场为什么要运用数据分析

在如今的企业债市场中，数据分析的应用是极其重要和有必要的。在快速成长和高复杂性的市场中，如果完全不使用数据分析的方法，则很难在市场中取得成就。数据量化分析是在企业债市场中竞争的基础。在市场越来越关注风险控制的情况下，数据分析也成为了投资银行支持交易部门和资产管理公司配置投资组合的重要工具。企业债市场是一个动态而非静态的市场，而数据分析正是市场参与者把握市场变化的重要途径。

新进入市场的参与者们需要关注数据分析的基本应用，而经验丰富的老手们则更需要深谙市场中的其他参与者是如何运用这些分析方法的。在这个市场中，每个人都应该积极关注新兴的分析方法，并且不断地研发创新的分析策略。

在这个万亿级别的市场中，从风险控制师到信用分析师、基金经理、投资银行家，再到资本市场中如交易员、销售和资产配置经理等各个从业岗位，如果不运用数据分析的方法，那么这些从业人员自身将处于极其不利的地位。

现如今，许多程序员、系统设计师和基金经理们已经在建造并维护这类系统。如果从业者想要在这方面胜人一筹，就必须对企业债这个标的的内在性质和分析方法有着深刻的理解才行。

什么是数据分析

那么，究竟什么是数据分析？数据分析就是通过收集合适的数据，对其进行处理和检验，从而得出恰当的结论的过程。数据分析贯穿本书，这个过程包括了收集处理企业债市场的数据，并从中分析得出各个相关市场之间包括各个子市场之间的关系。在理想的情况下，人们可以发现某个趋势，或者市场之间明显的背离，而这很可能成为极佳的投资机会。同时，市场中新出现的一些产品，也将以数据分析作为分析基础。

数据分析的过程中存在着很多不同的工具和方法，人们可以通过不同的方法达到不同的分析目标。本书的主题是对数据分析在企业债市场中应用的概括和介绍，但是不会涉及具体的分析方法和细节的讲解。不过本书依然会介绍企业债市场中所运用的典型数据分析方法，这其中包括其分析工具和分析方法，以及对这些方法的优缺点的探讨，并提供一些数据分析未来发展方向的观点。

多数企业债的数据分析方法与传统政府债的数据分析方法是十分相近的，甚至是相同的。不过除此之外，在企业债的数据分析中，会加入许多股票市场分析的元素。只有将这些不同市场的分析方法与宏、微观经济分析相结合，才能形成全面而又有针对性的企业债数据分析方法。

数据分析的使用方法及与信用分析之间的区别

对于投资决策产生重要影响的基本面信用分析往往是运用自下而上（bottom up）的分析方法，而数据分析则常常是被当作自上而下（top down）的过程。具体来说，数据分析首先需要分析与比较各个固定收益市场的宏观数据，这其中包括对收益率、相关性和波动性的分析。我们通常对历史数据进行这样的分析，设法得出这些历史数据的趋势将如何影响未来的市场走势。或者我们从历史数据之间的特性中，找到当前市场中的异常变动，这样就可以在当前市场中寻找有利的投资机会和潜在的风险。值得一提的是，某些特定时间内的异常市场波动值得去重点解读。此外，我们也应该观察各个市场是如何在这段时期内作出反应的。

这种宏观市场的分析将帮助我们组建团队，并把握好交易策略的投资大方向。同时，这样的宏观分析会让我们把握住自己当前的处境，同时结合自己的投资主题和偏好，制订出下一步投资计划。

为了找到你想要探究的、具体的投资构想，你可以在数据中进行分类和查询，随后再进行分析。你应该根据自己的投资理念，加上各种筛选条件，将投资标的的范围缩小到一个可操作的范围。数据库的可靠程度将决定着你的分析质量。

当你筛选出一系列标的后，你便需要更加细致的基本面和相关性的数据分析，以便对该标的进行信用评估。为了更好地理解投资的时机和投资的具体标的，你需要应用技术分析对当前市场的供求关系进行分析。你可能会运用多种各具特色的技术指标，但是你需要尽可能地理解并筛选这些指标，并找到最适合自己的分析方式。

市场指数是应用范围最为广泛的指标之一，但是我们既要看到它的优点，也要了解它的缺点。同时我们也要知道，信用违约掉期（credit default swap，CDS）指数、交易型开放式指数基金（exchange-traded funds，ETFs）和贷款抵押债券

（collateralized loan obligations，CLOs）的运营和管理，都极其依赖于数据分析。在对这些产品进行数据分析的时候，我们一定要明确产品的最终用户是谁，以及谁是可以影响该产品市场的其他参与者。此外，你需要具备基础的债券数学知识和统计学知识，这些都是这个行业中所必须掌握的工具。

上文提到的数据分析是为了更好地调配自己的仓位以达到资产最优组合，但我们同时也需要通过绩效归因分析（performance attribution）来剖析自己在市场中的仓位情况，以及这样的仓位将如何影响你的收益。绩效归因分析也是市场中最好用的数据分析工具之一。

案例

本案例首先运用自上而下的方法对市场整体数据进行宏观分析，随后再通过微观的角度分析信用情况，筛选出符合投资宏观理念的标的组合。

宏观分析关注了包括杠杆借贷的平均收益率与高收益债券的平均收益率的相关性，以及两者的历史交易模式。在这类分析中，应该注意以下几个方面。

- 借贷市场中存在浮动利率票息，这一点与高收益债券市场不同。
- 在不同的历史周期中，市场环境与当前环境有着哪些不同？
- 在不同的历史周期中，利率走势与当前有哪些不同？
- 两个市场的结构是否发生了变化？例如，当前高收益债券市场是否相比于其他周期拥有了更多担保债券？

同时，还需要在分析中考虑更多其他因素。

在本案例中，假设你在历史数据中发现了一个模式：当 GDP 增长出现疲软的情况下，高收益债券的收益率将出现显著增长，并且增长幅度大于借贷利率增长幅度。那么随后，你就应该考虑这个模式是否在所有的固定收益债券市场中都会发生，或是仅限于某些特定债券品种。例如在本案例中，该特征在次级债和周期性行业公司的企业债中表现明显。

在这种情况下，如果你担心疲软的GDP会增加投资风险，你可以分析并挑选出合适的投资标的来规避GDP风险。在具备查询功能的数据库帮助下，筛选出所需要的企业债发行人名单，使它们同时满足发行公司属于周期性行业的条件和拥有次级债券流通的条件。这样我们就可以在这份次级企业债名单中将各个公司的次级债利率与该公司的借贷利率相比较，找到两者息差的历史趋势。与此同时，再结合信用分析，评估各公司的信用水平。

以上只是数据分析在企业债市场中如何运用的一个简单例子。

目前，债券市场中对企业债的分析还停留在发展和应用的早期阶段。在未来几年中，数据分析的应用将会出现长足的进步，同时各家机构对数据分析的投入也会显著增加，其中大多数投入都将集中于风险管理以及新分析工具的研发。同时，在其他领域（如营销学）中应用的数据管理和分析手段也极有可能被应用于企业债市场。

本书的结构

本书的第一部分主要强调了为什么企业债和其他资产品种之间存在着显著区别，重点解释了把数据分析应用到企业债市场的过程中所出现的难点和问题。此外，该部分还讨论了一些常用的数据来源。

第二部分主要介绍了债券市场和数据分析中所用到的重要术语，此外，该部分还回顾了市场中所使用的一些典型数据分析工具。如果你对企业债市场有一定的了解，那么你可以选择跳过这部分的内容。而如果你对该市场的了解仍处于起步阶段，或者刚刚以程序员的身份转入这个行业，尽管你可能会对这部分内容感到陌生，但是它们对你有着不小的帮助。

本书的第三部分总结了整个企业债市场中各个细分市场的定义。该部分对市场中的主要参与者进行了介绍，并讲述了他们是如何应用数据分析的。

第四部分讲解了市场中的各个指数。乔纳森·布劳（Jonathan Blau）将与你详细讨论企业债指数的设计结构和细节。这些指数在市场中被广泛运用于参考投资组合的绩效表现和绩效分析中。如果要理解好企业债市场中每天所进行的数据分析，我们必须明白这些指数的运作机制、不同的指数构建方法，以及这些指数之间的优势和缺陷。

第五部分阐述了数据分析在自上而下的方法中是如何应用的。这种宏观分析方法对市场间的表现和相关性进行分析，随后再延伸到它们的下级市场。我们通过这些分析得出基本投资方向，并发掘某个市场中存在的潜在趋势。随后，这部分还将介绍一些选择潜在适合投资理论的债券工具。

第六部分关注的是如何分析市场中的供求关系趋势，也就是我们通常说的“技术分析”。通过技术分析把握市场中的走向趋势，对制定权重分配和择时等决策有着十分重要的作用。

第七部分将带领读者探究市场中的一些特殊工具。该部分是由专家米兰达·陈（Miranda Chen）撰写的，她概述了流动债券指数（liquid bond indexes）、信用违约掉期指数及交易型开放式指数基金，并且阐述了这些产品在构建时为什么要依靠数据分析来实现。这部分简述了为什么关注这些特殊工具能够帮助投资者们更快地把握企业债市场的趋势。

第八部分主要讲解贷款抵押债券。这些结构性产品也同样需要依靠数据分析来构建，在运营时则需要根据相关规则来维持组合成分。与其他工具相似，深刻理解此类产品的历史数据能够帮助投资者更好地把握它们在企业债市场中的价格走势。

本书的第九部分讲述了投资组合分析和绩效分析中的一些要点。这是数据分析在市场中的最深入的应用之一。我们相信在今后的日子中，它们还将会继续延伸和拓展。这一部分是由亚历山大·尚（Alexander Chan）撰写的，他在绩效分析系统的开发和运行方面有着相当丰富的经验。他在工作中不仅参与过研发、运营早期的系统，对当下最新系统的研发工作也是身涉其中。

本书的第十部分讨论了数据分析在企业债市场未来数年的发展前景。

02
企业债有何不同

企业债的特性

正如固定收益与权益不同那样，企业债也与国债、机构债和抵押债有着显著区别。在企业债市场中，我们不仅要分析债务和利率对债券或借贷的影响，还要分析债券发行人的信贷质量以及特定债务自身的独特结构。

起初被广泛应用的分析工具是道琼斯工业平均指数，它在1896年由查尔斯·道（Charles Dow）发起，并囊括了12只股票。在接下来的数年中，该指数在每个交易日结束后被手工计算。虽然这些年来该指数出现了巨大的演变，但是它依然可能是被应用最广泛的分析投资工具之一。

通常来讲，股票指数是众所周知的参照，比如伦敦股票交易所的英国富实100指数（FTSE 100）、日本的日经指数（Nikkei）及标普500指数（Standard&Poor’s 500）。此外还有一些不广为人知的小众指数，比如罗素2000指数（Russell 2000）、威尔逊5000指数（Wilshire 5000）以及纳斯达克500指数（NASDAQ 500）。

股票的数据和解析有着很强的功能性。然而，我认为与企业债市场相比，建立股票的数据库并维护、分析它们要容易得多。

比如说，大多数公司只有一个种类的股票，但是同一家公司却有可能有 10 种、20 种甚至更多不同的未偿还债务工具。此外，每种债务工具对于信息和数据分析的要求比股票还高。在表 2—1 中的信息就是美国天狼星 XM 卫星广播公司（Sirius XM Radio）的股票和债券数据。

表 2—1　　美国天狼星 XM 卫星广播公司的债务和股票基本信息

债券（未偿还额度以百万计）						
发行人名称	**票息**	**到期日**	**未偿还额度**	**评级**	**卖价（美元）**	**收益率**
美国天狼星 XM 卫星广播公司	4.250	5/15/2020	500	BB–	92.25	5.87%
美国天狼星 XM 卫星广播公司	4.625	5/15/2023	500	BB–	89.38	6.28%
美国天狼星 XM 卫星广播公司	5.250	8/15/2022	400	BB–	93.75	6.23%
美国天狼星 XM 卫星广播公司	5.750	8/1/2021	600	BB–	99.25	6.01%
美国天狼星 XM 卫星广播公司	7.625	11/1/2018	539	BB–	109.50	2.55%
股票（流通股数以百万计）						
发行人名称	**流通股**	**价格**	**分红**			
美国天狼星 XM 卫星广播公司	6 209	3.85	无			

该表格展示出了一家公司只拥有 1 种股票却拥有 5 种不同债券的情况。请注意这还是在未包含银行债的情况下，描述债务所需要的基本信息要明显更多些。

当我们在做任何企业债分析时，尤其是建立数据库用以分析时，我们必须要时刻将这种复杂性铭记于心。要注意的是，用于各种分析的必要信息全部都必须要包含在数据库设计中，而且系统中的数据一定要有排序功能，并且按照分类搜索得到。此外，数据库一定要有着灵活的设计，这样新的因素才可以被加入到数据库中，比如，从未见过的新的票息结构。

让我们来看一看那些让企业债变得更复杂的因素。

首先，企业债有比股票更多的属性需要描述。股票描述通常包含：(1)公司名称；(2)流通股；(3)价格和分红（如果有分红的话）。然而债务描述需要：(1)公司名称；(2)债券发行量；(3)债券评级；(4)票息；(5)到期日；(6)价格；(7)至少一种衡量收益率的方法，以及评级机构的评级。

对于企业债工具来说，有多种不同收益率值得你注意，其中主要包含到期收益率、最差收益率及当期收益率。此外，为了计算任何一种债券的收益率，系统必须要知道赎回计划、特殊赎回以及偿债基金（sinking fund）[①]等数据细节。企业收益率与到期日相近的国债或其他基准参照的利差也是典型的信息之一。此外，也许你还想知道债券的久期[②]（duration）和凸性。这些数据都是关注于债务工具本身，而不是发行公司自身的质量。其他非企业固定收益发行产品通常不会如此复杂，因为它们不需要关注企业自身方面的问题。

最后，企业债分析至少有三个独立问题值得关注：第一是发行人整体的信用质量；第二是你所分析的债务工具的结构；第三是特定债务工具在执行买卖时的相对价格。从更高层的市场观点考虑，还需了解自己身处的市场结构、权重以及重要统计数据等信息以做出整体结论。所掌握的数据越多越好，分析信息的方式越灵活越好。

从理论上讲，尤其是对用于信用选择的数据库来说，它应该也包含着基本面分析的数据。这些文件里应该囊括着公司运营所在国家、债券或借贷发行的国家

① 偿债基金是指在债券协议中要求公司于到期日之前回收的那部分债券，其在企业债市场中已不常见。——译者注

② 久期是衡量债券价格对利率变化敏感度的指标。——译者注

和外汇情况（有时不同）以及公司所处的行业情况。随后，还要进一步观察特定的基本信用比率，比如金融杠杆比率（leverage ratio）①、利息偿付比率（interest coverage ratio）②，也许还有自由现金流。此外，还有一些信用分析项目可能会使你从中受益，这与权益市场十分相像，比如股票市值等级或股票交易乘数等，它们很有可能在债务分析中也起到一定的作用。

请注意上文中提到的数据并不包括描述某债券时最难用以建模的因素。在新发行的企业债说明书中，经常可以见到债券描述部分的文字内容比公司商业描述部分更冗长，这点尤其会出现在高收益债券发行人中，一些细节甚至要包括可卖回债券（bond puts）③、股权回拨（equity clawbacks）④或者特别赎回等。此外，协议书通常还有着多种语言版本。对于杠杆银行借贷的协议，协议书通常还包含维护测试——这些文件甚至要比债券细节描述更冗长。详细的协议书可以包含一切报告需求，比如债务发行能力、公司被收购等情况。这些协议书很难被收入到我们的数据库中，而且由于因不同债券的出入较大，分析起来要花上很多时间（即使是同一个发行人）。但是正是这些协议和条款在做出投资判断时会起到重要的作用，因此，以上因素都增加了企业债分析的复杂性。

企业债分析工具与其他主要固定收益工具相比有着一定的相似性。这些工具都需要关注相同类型的债务数字，包括收益率、到期日以及与市场中利率结构相

① 在这里金融杠杆针对的是公司的债务数额，在欧洲我们通常称之为杠杆比率（gearing）。金融杠杆率（leverage ratio）指企业债务与现金流的比率。通常我们使用息税前利润（EBIT）、税息折旧及摊销前利润（EBITDA）、折旧以及摊销等方式计算现金流。EBITDA 一般在损益表中根据非现金项目进行调整，我们也称之为调整过的 EBITDA（adjusted EBITDA），但是在本书中我们统一之称其为 EBITDA。——译者注

② 利息偿付比率是指 EBITDA 除以公司的全部利息花销，这大体地衡量了公司的流动性或者偿债能力。——译者注

③ 在本文中可卖回债券是指持有人以特定价格买回给发行人的期权。——译者注

④ 股权回拨是高收益债券的一种特点，它允许公司在股市募集资金或 IPO 时能够以某特定价格（通常为票面价值加上息票率）买回一部分债券。——译者注

关的波动率等。

很显然在分析政府债的时候，我们的关注点应该放在经济稳定性以及利率期限结构上。在分析资产抵押债券时，我们应该关注于该资产的现金流以及债务发行结构等方面上。在进行企业债分析时，我们不仅要囊括基础债券数据以及使用其他固定收益产品的敏感性和结构，还需要知道该债务发行公司强项和弱项数据以及其债务工具结构。

这个章节简单地强调了我们所需数据的不同层面，不局限于企业债市场分析，也适用于广泛的固定收益数据分析。你所掌握的数据精确度以及分析、操作方式的灵活性会导致你在做企业债市场分析时得出的结果差异巨大。

请注意，使用自上而下的宏观市场分析与自下而上的特定信用分析同样重要，企业债市场中也的确存在周期。宏观数据与技术影响着一切投资决策，此外，其他形式的周期也在信用选择时产生影响。优秀的分析师总是两方面一起照顾，无论宏观数据对市场的影响程度有多高，都不应该忽略信用质量的重要性。

数据的来源

通常人们认为，分析通常就是指依据历史数据找到数据点之间的关系。

如果分析要基于数据说话，那么数据的质量通常便会严重地影响到分析的质量。请记住，发债人和实际债务之间存在着许多不同的数据。所以，不但数据库中的数据要保持实时更新，而且还要确保分析所使用的数据库包含着全部多方位的数据。

获取企业债数据的来源与在股市或政府债等主流渠道获取信息的来源不同。美国乃至全球的企业债市场规模，尤其是低投资等级债务（或高收益债务）正在急剧膨胀。尽管我们有着更多获取数据的来源，但是我们所要付出追踪的数据也越来越多。

请记住，债券市场中的数据也变化多端，比如赎回、招标以及新股流向市场等情况。在一些经济周期中，公司破产时有发生。此外在借贷市场中，在信息透明度有限的情况下也经常出现债务条款被修改的情况。所以根据已知债务工具更新数据也是我们所面临的重要任务之一。

大多数数据都来自于大型的经纪公司、投行或第三方供应商，比如 IDC、彭博（Bloomberg）或像穆迪（Moody）、惠誉国际（Fitch）和标准普尔这样的主要评级机构。许多大型资产管理机构和投行都研发了自有系统，以便于追踪数据。

你也许希望通过多种途径来判断整个市场的表现，最常见的方式是使用指数。指数是整个企业债市场的缩影，仔细构建的自定义指数有助于我们在特定情况下对决策做出权衡。业内大多数这样的指数都由投行方研发，在本书随后的章节中会详细地对其做出介绍。指数是在衡量相对权重和市场表现时的最佳工具之一。但是如果你希望通过排序和查询来找到潜在的投资方法，那么或许指数对你的用处并不大，因为它并没有包含你做出投资决策的全部问题。因此，你需要建立一个全方位的数据库，而不是单一的指数。

我们还可以通过其他方法来检测市场的表现，比如你可以关注某资产类别的公募基金或共同基金的表现。晨星（Morningstar）和理柏（Lipper）是两家观测封闭式基金和基金绩效的主要机构。这些机构也能看出资产类别的资金流入与流出信息。此外，企业债市场中的 ETF 也可以模拟一些高流动性指数用以组合建模的新投资工具，我们可以以此衡量企业债市场中可交易证券的表现。同样，由选定的具有流动性的信用违约互换（CDS）[①]所组成的可交易指数也能用以衡量利差与市场趋势的相对值。这些非指数产品都具备测量市场动向的价值，但是我们在

① 信用违约互换是违约保险（或期权）的一种形式，它在债务市场中使用，我们会在本书后面的章节中详细讨论。——译者注

使用时要非常小心才行，对于这点在本书后文中有所体现。

你也许希望检验整个市场的表现，因为你想要将自己手中的投资组合绩效与之相比较，或者比较不同资产类别间的收益，以便自己做出如何进行资金配置的决策。比如我们可以把标普 500 指数的表现或波动率与投资级别的债券市场表现相比较，或是把高收益借贷市场的历史收益率与美国国债利率相比较。

定价数据

尽管本章强调了企业债数据的复杂性，但实际上这些债务工具的市场特性使得那些复杂的精确定价数据变得有规律可循。尽管美元计价企业债的定价数据已经取得了长足的进展，但是对于大多数债券，尤其是那些小型发行人、非美元计价、未登记债券和债务来说，依然存在着诸多问题。

与大多数股市不同的是，债务工具通常不出现在公共市场中，而且经常出现交易频率极低的情况。债券即使在交易的时候，也许除了买卖双方外，价格也并不容易为人所知。然而，如今美国债券报告及合规系统（Trade Reporting and Compliance Engine，TRACE）[①]可以提供受半监督管理的资源。TRACE 不是一个实时系统，而且许多债券并不在 TRACE 的覆盖范围内，这通常是由于它们并未完全注册，或非 144A[②]。此外，大量非美元计价的债券也不属于 TRACE，同时 TRACE 也不提供成交量数据，然而我们能获取的信息比以往要丰富许多。如果能

① TRACE 是 FINRA 研制的工具，它使得二级市场中交易的固定收益证券的委托报告合法化。所有 FINRA 的成员经纪公司有义务向 TRACE 报告符合美国证券交易委员会（Securities and Exchange Commission，SEC）所规定的企业债交易。——译者注

② 144A 是在美国债券市场中广泛使用的私募债券的一种形式。这类债券只限于对有注册资格的机构买家开放。通常来说，这类债券在卖出时附有登记权，也就是说它们有朝一日也可以成为完全注册债券，通常时间是在一年之内。——译者注

把 144A 也添加在内的话，我们便可以得知关于成交量的更多细节。尽管情况已经得到大幅改进，但是许多债券的成交情况依然很差，所以定价数据只能尽可能地被更新而已。

对于债券交易平台和交易所做出的债务工具的尝试，也许会对未来定价数据做出改进，这也仅限于大多数流动性好的债券，而这些债券已经拥有相对健全的数据了。

借贷的交易记录情况也不乐观，可以说在定价数据上甚至比债务的问题还要大。借贷交易变得越来越不频繁，而且对于交易报告的公开性不作要求。请注意，从法理上来说，借贷与证券不同。尽管一些时事通信服务和定价数据库尽力定期汇报借贷交易和定价数据，但是它们通常只关注那些最活跃的名字而已。借贷定价数据对经纪公司报价的依赖性非常高，这种情况已经持续了很长一段时间。

在阅读本书以及处理分析工作时，你要在脑中时刻记住定价数据所面临的这些问题。大多数重要投资决策都是根据投资时的买卖价格决定的，但不幸的是，这个市场的属性决定了我们可获知数据的选择性非常有限。当你在工作过后得出一个结论时，你应该再次检查定价数据，并在质疑中确保它足够精确以供使用。这种低流动性为大多数市场参与者带来了麻烦。

案例

很多人使用数据分析方法的出发点各不相同。显而易见的是，使用数据分析取得成功并顺利建立系统的关键是要知道最终目标是什么。

分析可以从宏观出发，比如分析一家交易公司如何根据汇率大幅波动而移仓。也可以从微观出发，比如分析在某特定行业中哪只债券的波动率最低。

以下是一些典型的分析方向：

- 收益测量；
- 收益归因分析；
- 组合 / 交易仓位、权重以及比较；
- 行业、资产类别或国家资金流动情况；
- 短线、供求关系分析；
- 信用评级的变化；
- 利率风险的级别。

举例说明：

假设你的任务是投资评级机构给出的介于 BB 级和 AAA 级之间的企业债。在数据库中记录了该区间中全部级别的平均交易情况。它表明过去五年来 BBB 级债券正在与 A 级债券以最大利差交易，而与之相比，BB 级债券却在过去五年中处于平均最窄利差交易。

为了判定这些关系，或许要使用一些图形和图表来做分析。图 2—1 是过去事件中的简单利差图。通过图 2—1，你可以得出 BBB 较便宜，值得你增加投资组合中债券类产品的权重。

当然，你也要通过其他因素来确认这不是由于其他因素所引起的（也许 BBB 级债券发行过剩，或 BBB 级债券由于某些原因看起来要被调低评级）。

然而，假如你是用了宏观分析，并做出了买入 BBB 债券的决定。现在你可以进入完备的数据库，通过搜寻技术找到自己想买入的债券。如果搜寻工具比较好用，你可以在数据库中寻找 BBB 级债券，然后把它们按照利差从大至小排序，随后再继续查询符合自己投资需要的条件。这一层搜索中可能包括的是发行规模、特定行业，可能还有一些特定的金融比率。你具体能找到什么结果要视你数据库的稳定性、包容性和灵活性而定。

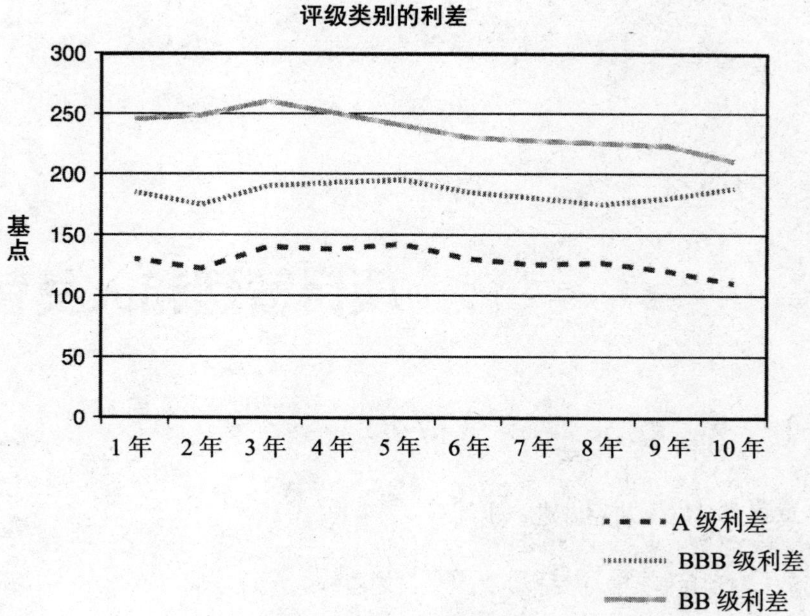

图 2—1　不同评级类别的利差

这个简单的案例从市场宏观分析开始，使用简单的图表以观察市场中子集中的相互关系。随后再通过微观具体信用工具，使用排序和查询方法找到满足宏观要求的具体投资机会。分析师可以总结全部名单，通过相对价值分析法找到最符合自己投资资产的风险回报比的特定债券。

03 项目管理和人员管理

本章将会对以下几点做进一步阐释：

- 对项目制定一个目标，并且做好沟通；
- 与项目中的所有参与者保持全面的沟通；
- 记录项目进展的过程；
- 根据沟通、讨论所得结果，制订下一步相应的执行计划。

需要注意的是，“沟通”是上面提到的最多的词。如果没有良好的沟通，那么这些项目开展的效率将十分低下。

大多数与企业债相关的机构，其内部系统至少都会运行和维护一些数据。例如，这些债券产品是否是从第三方处购得，是否经过自定义或自主开发。那些对数据实施管理、运行、维护的人员以及编程人员都不是这些数据的实际使用者，他们通常也不会对这些数据进行分析。

大多数项目包括了终端客户或职业技术人员。在多数产品项目中，常常会有分析师在这个过程中通过对数据分析后得出初步的结论，并在将数据和最终结论提供给终端用户前对数据进行多次核算。

如果要想成功地使用数据分析，对各方面进行沟通交流是至关重要的。项目中不同团队成员背景往往不同，或是他们接受过不同类型的培训。现在在同一个项目中，一个团队的成员是计算机背景，而另一个团队是金融背景的情况时有发生。所以人们也必须同时了解其他团队的工作情况，某种意义上来讲就是了解彼此间的“工作用语”。

数据分析的终端用户可以来自不同的工作领域，比如投资银行家、资本市场从业者、信用分析师、策略师、交易员或者是销售人员。他们也可以是从不同角度理解资本市场的风控经理或交易经理。他们还可以是基金经理、分析师、基金投资人，或者是机构投资顾问、高净值个人的资产管理师和养老基金或慈善基金的资产管理师。很显然，因背景不同，他们在从事分析研究时所涉及的分析种类也是千差万别的，不过他们中的绝大多数人都会有金融背景。

那些项目分析、协调数据库输出、构建数据库和人机界面的人员通常倾向于拥有技术、数学或者其他一些数量方面的背景。有时候，这些人也会拥有诸如编程、系统管理这样的背景，但是他们却很少有纯金融或纯商科的背景。

沟通在数据分析中的重要性

大多数项目在开展时都会遇到低效问题，其中一个主要原因就是团队成员之间的交流范围太过狭窄。比如说，终端客户常常会提出“一次性”要求；再如，一个基金经理可能十分担心正在上升的利率，但他也许只会对技术分析团队或程序团队提出这样一个问题：“你们能帮我按照久期（duration）和到期日由大到小的顺序，列出市场中最大的几只债券吗？”随后这个要求被例行公事般地完成了。但是，这样做常常使终端用户所得到的信息过于繁琐，从而导致用户对信息应用的效率降低。他们需要自己去再次筛选和缩减信息，如通过债券发行规模和评级等方法。随后他可能还需要其他排序方式，并通过回测自己的理论来验证在利率上涨期间，他的仓位是否具备足够好的防御性。

但是如果终端客户和技术人员之间能有更全面的交流，那么这个过程将会高效得多。例如，终端客户所描述的是一个更清晰、更全面的框架："我十分担心利率上升的问题。假设现在最正确的做法是购买久期短的债券，那么我用什么方法才可以最好地解决这个问题？"这样的话，通常分析师或程序员会按要求列出一份短期的债券的名单，同时他也可以加上一些附加筛选条件（如评级等）以满足投资组合经理的投资风格。分析师可能会指出客户还可以观察之前两三次利率上升时，除了短期债券外，在各个市场中哪种子分类在这几次利率上升周期中表现最好，而哪种子分类表现最差。在进行数据排序时，他还有其他不同类型的久期可供选择（计算久期的方法有很多种），比如使用期权调整的息差和久期。

同样的，数据的终端用户也需要注意向技术人员寻求数据的方式，以确保技术人员的工作能得以高效进行。在市场激烈变化的过程中，这一点往往得不到保障。客户需要对这些数据分析工作的难度和所需时间有一个切合实际的认识，合理的期望有助于终端客户按照优先性安排工作内容。

设计系统和负责编程的技术人员必须认识到，如果一个项目耗时太长，那么这个项目将变得毫无价值，因为市场是处于不断变化中的。因此，他们必须跟客户保持坦诚，要及时跟客户交流并告知他们项目的时间安排和人力需求，同时还要确保该项目不成为不断增加投入的资金黑洞。此外，我们还要避免另一个极端，那就是"对不起，我们实在无法完成"等情况的发生。

我曾读过一位美国 FBI 探员所说的一段话，这段话的大致内容是："只要给我足够的资源，我可以抓住任何罪犯。"对于一名优秀的系统经理来说，我认为他们也应该具备相似的"自负"——但是他们需要本着实用主义出发，因为在日常工作中，资源不一定会被有效地配置到这些工具中，但是我们又恰恰急需此类答案。因此，他们要仔细地管理好手中所拥有的资源。他们的团队和外包商们需要组织起一套井井有条的工作方式，并且要明白这些在日常工作中常常会被用到。

团队必须要设计出人性化的系统。在理想的情况下，用户要能独立查阅大部分数据。在系统的设计、研发过程中，团队会面临一个潜在的危险：由于系统被设计得过于复杂，以至于这些开发团队在之后的使用中仍然需要不断地为客户提供帮助。如果一个系统不是便于客户使用的系统，那它便不是一个优秀的系统。

这些系统被设计出来的目的是处理和运用数据，所以设计系统时，要保证系统具有适应性。新的债券结构和数据类型要可以根据需求被添加到系统中去，同时系统可以对其进行适当的数据处理。有时客户会提出一些特殊要求，在处理这些要求的过程中，可以根据优先级对项目的未来计划编制一个列表，它可以在当客户需求放缓或有能力添加资源时被用到。

客户和开发团队双方都需要就项目所针对的问题有一个全面的了解，同时对项目的进度有一个合理的期望，这更需要双方进行深入的交流才能实现。

正如前文所说，每一个需求分析都应该有清楚的定义，并附有详细的执行计划。这些计划应该包括对数据的回顾和检查，并判断是否要做出相应的行动。如果需要有相应的行动，那么要确定是哪些行动，以及各个行动的相关时间安排。有时候，分析得出的结论可能不需要任何行动，也可能是一个详细的交易计划，或者可能是一套管理策略，甚至也可能是得到应该去做更多分析工作的结论。这些结论在行动实施前需要跟整个团队做好沟通和交流，这样能让团队成员对自己的工作目的有一个大致的了解，以大大提升他们的参与度。值得注意的是，我们不能以“没有结论”为数据分析定结论。

数据记录

记录可以让工作变得更高效。数据记录和需求分析都是工作中的重要参考工具。在理想情况下，记录可以涵盖项目的内容和项目目标。如果客户要求记录必须有条理地保存，那么如果将来出现类似要求时，我们便可以做到有备无患。

负责数据和系统的人员应该将自己已经完成项目的过程记录下来，这样做有如下几个好处。

（1）因为项目的解决过程中经常针对某个问题进行反复计算和验证，记录可以帮助团队跟踪每次计算条件的微小变动，这样可以减少不必要的重复工作。

（2）记录可以告知其他成员目前项目的进度和状况，为成员间交接时提供方便。

（3）记录可为总结计划进度提供便利，这样与终端客户和其他团队的交流便会更加畅通，这些记录文件应该被储存在该项目的同一个文件夹中。请注意记录文档本身不应该像一个独立项目那样复杂，备注应该尽量简洁、精确，语言尽量精准，以便把误解降到最低。还可以用电子邮件的形式归档，其详细的标题也会为我们带来不小的帮助。

所有参与项目人员（包括客户）都应该清楚这个项目的最终目标和进度，这一点非常关键。积极参与策略会议既可以帮助双方明确项目的目标和进度，也可以促进新构想的产生，还能提高工作效率。

结语

在企业债市场中，多层信息和数据间的明显差距为企业债市场的分析带来了许多挑战。从公司的外债总量，到描述债务工具所需要的各种细节，再到各种衡量收益率的方法及其包含的各种信用指标，企业债市场中有着大量各式各样的数据需要我们分析。此外，还有跳跃不断的价格数据。上述信息的叠加导致了我们使用和开发企业债市场分析工具的过程变得十分复杂。

大部分企业债市场中分析工作的难度甚至超过了银行借贷市场中的难度。

不同种类的交易的披露程度不同，不同种类的借贷也有着不同的附加条款，这些条款往往很少甚至完全不公布。幸运的是，借贷通常是债务中偿债优先级最高的。

我们必须要注意的是，当前市场中数据分析主要面对的一个问题就是数据本身的质量。高质量的分析需要依靠高质量的数据源。在检查数据的质量之前，我们要尽量做到对数据有着全面的理解，我们要敢于质疑任何结论。

在每个交易日结束时，成功的投资就是持有正确的仓位。从这方面来看，企业债市场中的数据分析不是投资的最终答案，但数据分析依然是做出投资策略的过程中极其重要的一环。发行人和债务都有着自己的特点，这就需要详细而全面的自下而上或自上而下的数据分析。信用分析以及选择合理价格的标的证券也是十分重要的工作。请注意，在固定收益市场中，尤其是在杠杆（高收益）市场中，取得长期投资的成功往往不仅依赖于选择正确的证券标的，还有赖于投资者确保自己不能犯错；如果数据分析可以帮助投资者消除后者的顾虑，那么它便已经是十分有效的工具了。

如果现代证券市场的从业者不在工作中使用数据分析方法，那么他便很难取得成功。但是即使从业者使用的是与其他人相同的分析方法，那么他也有可能会失败。

DATA ANALYTICS FOR CORPORATE DEBT MARKETS

Using Data for Investing，
Trading，Capital Markets，
and Portfolio Management

第二部分

你必知的企业债相关常识和基本工具

罗伯特·克里切夫

第 4 章介绍了企业债市场中使用的术语和协议案例。从案例中我们可以看出使用术语时所产生的利弊。对于专业人士而言，本章可以忽略。

第 5 章展示了一些用于分析市场的工具。这其中大部分是统计学工具，你可能早已对它们熟知了。

第 6 章简单介绍了数据分析工具——数据挖掘。它之所以占据了一整章，是因为数据挖掘是近年来迅速崛起的技术，而对于企业债市场来说还是一个全新的领域，并很有可能在不久的将来得到普及。

04 企业债相关术语

本章总结了在企业债市场和数据分析中所使用的术语以及它们相对应的使用方式。

估值相关术语

以下是企业债估值时常见的术语，并且简述了它们的使用方法。

价格（price）。价格是指企业债按照票面金额的百分比报价。一般来说，债券的票面价格为 1 000 美元或 1 000 欧元。尽管现实中美元或欧元符号通常出现在价格前，但事实上它表示的是票面价格的比率。通常债券的最小规模为 1 000 美元，所以事实上 $91 所代表的意思是 1 000 美元的 91%。一手交易一般指 100 万美元票面价值（或 100 万所在发行地的货币）。因此，我们使用同样的例子，以 $91 交易一手 100 万美元债券意味着你要花费 91 万美元。人们也会说，我以 91 万美元的价格买入了 100 万美元的债券。

到期收益率（yield to maturity，YTM）。如果你以特定价格买入债券并在到期日偿清债务，到期收益率计算的是债券届时支付给你的收益。当债券或借贷为可赎回，并且债券以溢价出售（价格高于 100）时，根据赎回日或到期日的不同，在同样价格的情况下，你的收益率可能会出现不同的情况。最差收益率（yield to worst，YTW）是指各种可能性中数值最低的收益率，人们通常对于这个数值的使用很保守。

最差息差（spread to worst）。最差息差是指到期日相近的债券最差收益率与无风险利率之间的差。如果某只三年到期的债券以最差收益率 7% 交易，同时 3 年国债的收益率为 2%，那么最差息差则为 5%。然而息差通常以基点来报价。1 个基点的大小为每个 1% 价格变化的 1/100，也就是说 100 个基点为 1%。在本案例中，最差息差为 500 个基点。在理想的情况下，你用作计算息差的无风险债券应该与该债券使用同样的汇率。

除此之外，还存在着其他各种收益率和息差，比如当前收益率（current yield）、期权调整息差（OAS），等等。然而，最差收益率和最差息差是应用最广的。当前收益率是简单地用票息除以价格计算得来。

使用收益率和息差的时间与方法

最差收益率和最差息差通常适用于使用政府债券数据或做相对价格分析时。具体什么时候使用哪个，则要视具体情况具体分析。

投资级别债券通常以息差报价，因为它们与国债利率之间的息差并不大，而且与国债之间的关联性非常强。此外，息差能把不同到期日债券间的相对价格标准化，因为它是把政府债到期日与你所分析的债券匹配后经调整所得出。投资级别债券的到期日倾向于比高收益债券和杠杆借贷的到期日更变化多端。在高收益债券中，最差收益率使用得更广，因为收益率之间的千差万别导致回报不同，而息差却是比较不同到期日债券间信用和相对价值的关键所在。

在进行数据分析时，你可以在诸多不同方面对其长期走势进行比较，例如不同市场（如投资级别债券与高收益债券市场）之间的息差、不同板块（高级担保票据与高级票据）之间的息差，或是子板块中特定债券（能源板块中全部债券）之间的息差等。尽管在这些情况下息差的使用效果很好，但是我们也不应该完全忽略掉收益率。比如距离到期日或赎回日非常近的债券可能有着极高的息差，但由于短期国债的收益率通常很低，这些债券最终的收益率通常会比你所关注的其他债券低很多，这会大大地影响你的回报率。如果投资组合中只有接近到期日、高息差而低收益率的债券的话，那么你的回报将会非常可怜。

银行借贷与收益率

在使用收益率处理银行借贷时会遇到不少棘手的问题，它们通常会被很快赎回，最长不过 1 年，而且有着每 3 个月或 6 个月就变化的浮动票息。如今大多数杠杆借贷也使用 LIBOR 下限利率。LIBOR 通常是借贷利率的基准利率，而下限利率是基准利率的最低值。比如说如果 LIBOR 下限利率是 100 基点，当下 LIBOR 利率为 30 基点，那么借贷的利率应该取较高的 100 基点。借贷利率通常以“LIBOR+375，100 基点下限”的方式报价，也就是说借贷会支付 LIBOR 加 375 基点的利息。但是当 LIBOR 低于 100 基点时，该利率数值则为 475 基点。LIBOR 是银行间短期拆借利率，全称为伦敦同业拆借利率（London Inter Bank Offered Rate）。

为借贷制定收益率的方法有很多。常见的比如当前收益率，也就是利率除以价格；再比如在整个还贷期间都遵从 LIBOR 的利率曲线；还有一种方法是假设把该债务转变成固定收益产品，然后再像债券一样制定收益率。近期人们默认使用当下利率并保持该数值 3 年。贴现利率差经常在相近的债券息差中使用，具体使用哪种方法取决于你希望如何使用收益率。有时找到正确计算银行借贷收益率的方法的确是件不容易的事情，但是请注意，长期使用一致的分析方法至关重要。

波动率相关术语

在投资分析中，我们经常要计算波动率。有些方法计算相对数值，而有些方法则计算绝对数值。通常回报率的波动率被人们用来计算风险。让我们从回报率这种简单地定义开始，再来看一看计算波动率的方法。

总收益（total return）。是指从为债券支付开始算起的一段时期内利率收入和债券价格变动的总和，以价格的百分率形式表示。总收益是用来比较不同资产类别、市场子板块以及债券、借贷的度量工具。

标准差（standard deviation）[①]通常用于检测收益率的波动率。投资人通常想检测一段时间内总收益与波动率之间的关系。大多数情况下，波动率被视作为风险。对于任何证券分析来说，衡量投资收益与波动率之间的关系都至关重要。对此最常见的工具莫过于威廉•夏普发明的夏普比率（Sharp ratio），它由调整过的资产收益或投资组合收益除以标准差计算而来，调整过的资产收益等于总收益减去无风险收益的理论值。通常美国国债利率被用作以美元计价的资产无风险利率。

贝塔（beta）是基于某种基准下的证券资产波动率，通常该基准代表着整个市场。贝塔可以通过回归计算得来。如果贝塔值为 1，则说明它与整个市场的行为是一致的；如果贝塔值大于 1，则说明它的波动率比整个市场的波动率要高；如果贝塔值小于 1，则说明它的波动率比整个市场的要低。贝塔和阿尔法（随后介绍）都是资本资产定价模型（Capital Asset Pricing Model，CAPM）模型中的一部分，它是结合了金钱的时间价值（使用了如美国国债收益率这样的无风险利率）、

① 标准差反映了数据的分布离散程度。为了理解它的使用方法，首先你应该理解什么是分布。它使用每个数据点与数据均值的差进行计算，用绝对值除以数据总量而得出。在进行除法之前，先对每个数据点做平方运算，在求得这些数的总和后再一起开方。我们可以由此得到测量数据的分布离散程度。——译者注

资产风险（也就是贝塔）和预期收益的金融理论。我们通过计算结果与基准相比来判断该资产是否应该买入。CAPM 模型中的阿尔法和贝塔可以应用于投资组合中，也可以应用于单独资产（如借贷、股票或债券）中。

阿尔法（alpha）是基于风险调整参照下的资产回报波动率。比如说，把资产的贝塔作为调整基准，那么我们可以视超过该回报的部分为阿尔法。有时我们把选择出的投资组合与整体市场的影响做比较。

也许阿尔法和贝塔并不是你在做企业债分析中最常见的术语，但是对于判断资产表现和进行绩效归因分析的投资经理们来说，它们很重要，而且使用频率也非常高。除了标准差之外，这些在 CAPM 模型中出现测量值都可以在分析中帮助我们判断收益与风险比。

久期（duration）也是一种测量波动率的方法，但是它只存在于固定收益工具中。从理论上来说，它测量了波动率与利率变化之间的关系。久期在保持其他因素不变的情况下，在计算中包含了债券交易价格、利率、债券到期日，并测量了价格波动率与利率变化之间的关系。低票息和长到期日都会得到更高的久期，对这些变化的波动性也就更强。

关于久期的进一步讨论

尽管经典分析表明久期与利率变化相关，但是请记住，尤其是在杠杆市场中，考虑到债券对信用质量以及利率等的敏感反应，借助久期可以帮助衡量其敏感度。

比如同一家公司发行的两类债券：

- 优先债券 A 的到期日为 5 年，票息为 8%；
- 优先债券 B 的到期日为 7 年，票息为 7%（这种情况有可能发生，比如它们在不同的时期发行）。

如果公司的财务报表情况很差，那么债券 B 的价格波动将会大于债券 A，因为它有着更长的久期。

另一项需要我们熟记的事情是久期制造了更多风险。这种情况在高收益债券中非常明显，因为这类债券在发行时都伴随着赎回结构，但是许多投资级别债券却是永不赎回直至到期的。如果债券以足够高溢价的价格交易，那么赎回日很可能要早于到期日，这将帮助它缩短久期。然而如果价格下跌，它便有可能把这个日期扩展到更久。由于凸性[①]为负，该债券会变成一个有着更高久期的债券。

在分析交易仓位、投资组合、业绩归因以及独立债券时，久期总是重要的分析环节之一。在以往的历史中，杠杆市场中的久期并没有得到足够重视，原因是在大多数市场周期中，公司更重视利率的变化和信用的涨跌。然而，随着利率的波动性越来越大，或息差收紧，久期也越来越得到我们的重视。

债务编列术语

在债务分析时，理解债券编列至关重要。债券有着不同的编列描述，主要包括：

- 优先担保（Senior Secured）；
- 优先（Senior）；
- 高级次级（Senior Subordinated）；
- 次级（Subordinated）。

当然，编列之间的变化可能非常微妙。优先担保的债券中也可能出现优先担

① 凸性反映了债券价格与收益率之间的变化曲度。它体现了久期（线性的）如何根据债券价格和利率变化而变化。当债券以溢价交易并可赎回时，凸性的作用便显得极其重要。在债券市场中，人们称之为延期风险，也就是随着债券价格下跌，最差收益率的到期日也会随之变化，这等同于“延长”了债券的到期日。——译者注

保第一留置权（Senior Secured First Lien）和优先担保第二留置权（Senior Secured Second Lien），或次级债券中出现更次级债券，但是上文中所述的分类是大体上的主要分类。如果债券只是作为优先级，那么它通常很可能是优先无担保（Senior Unsecured）。在没有编列标识的情况下，债券通常都是指优先无担保。法律文件在定义债券或借贷（合同或借贷协议）时会把编列的具体信息披露出来。如果债券或借贷是担保的，那么同时还会有一份详细描述担保的抵押协议。

编列会在破产时决定哪种债务款项可以得到优先偿还。企业债分析通常把数据按照不同编列分类，随后寻找不同类别债券之间的关系。这种把市场和资本结构分级的方法在债务市场的相对价值分析中经常使用。

公司架构和债券编列

在企业债市场中，你必须要时刻留意特殊情况的发生，这可能导致巨大错误的出现。常见的错误之一是不区分控股公司（HoldCo）和运营公司（OpCo）。在许多公司结构中，OpCo 拥有首先获取公司资产索取权，但是由于诸多原因，公司会剥离一部分资产成立一家新公司，并拥有 OpCo 的股权。在这种情况下，假设 OpCo 拥有公司全部资产，当公司进行资产支付时，无论 OpCo 的债务的编列如何，它都会在破产清算索赔时排在 HoldCo 的前面，这是因为 HoldCo 债务都是“结构次级”（structurally subordinate）的。那么问题来了：控股企业债务通常以有限或优先担保发行，市场中会出现控股公司大量发行债务的时期（尤其是市场行情好和私营企业分红时）。如果你此时分析优先担保和次级债券的历史息差，却不能分离看待 HoldCo 优先担保债券，那么你将无法正确评估市场中不同编列之间的风险溢价。有时会出现债券和借贷同样编列，但是在债券协议中，会有借贷在破产时拥有优先权这样的特例发生。理解债务编列和企业结构就像剥洋葱皮一样，每一层都写着不同篇幅的法律条文，但是你应该留意这些细微区别，并对那些过于好或过于不好的事物保持警惕。

尽管控股公司被称作优先担保，它与运营公司相比也是结构次级，因为全部资产都在运营公司名下，而控股公司只拥有运营公司股票来作为担保。

HoldCo 债券的担保情况请参见表 4—1。

表 4—1 控股公司和运营公司结构

控股公司和运营公司结构举例
控股公司
9% 优先担保债券
运营公司
7% 有限债券
8% 高级次级债券

信用评级术语及使用

信用评级由全球的各大独立机构提供，但是应用最广泛的是穆迪和标普。信用评级用来衡量信用风险以及其他一些相关事项。然而在杠杆市场中，很多资深人士却并没有把评级当作指示标，他们认为评级变化慢，衡量风险的作用有限，测量价值不高。

评级的变化会影响债券的交易情况，无论是在杠杆市场中还是在投资级别市场中。评级变化产生的影响是由于投资者对于自己所拥有的债券类型出现了变化。因此，评级的变化会导致许多潜在投资者对债券的需求出现变化。这也会导致市场中一些交易价位上出现重要突破。这些重要突破包括在从低于投资级别升到投资级别时使得证券价格上涨，新投资者能够入场买入债券（BBB- 和 Baa3 是两大评级机构给出的最低投资级别评级），降级至 CCC+ 或 Caa1（3C 评级中最高级）会限制投资者买入该债务工具。一旦信用达到了投资级别，交易价格对评级的依赖性便比在杠杆市场中的依赖性更高。

无论市场中的参与者如何看待评级的价值和缺陷，评级的确能给出一个分析发行人信用风险的基本结构。因此，许多基于宏观的企业债分析会依据评级类别关系作出判断。

许多市场本身也被评级，所以许多分析都是关于“堕落天使”（fallen angels，债券从高级别降级到低于投资级别）和“后起新星”（rising stars，债券从低于投资级别提高到投资级别）如何改变不同市场的整体组成和大小。从宏观角度分析评级变化为市场或投资组合的风险变化带来的影响也很常见。在一些周期分析中，人们也会把评级变化当作经济健康情况的表现。

行业分类术语和定义

行业分析与权益类市场的关系要比传统固定收益市场的联系更加紧密些。在企业债市场中，尤其是该市场中的杠杆部分，行业分析十分重要。企业债交易员们通常按照自己所交易的行业分类，而国债交易员们一般按照到期日进行分类。

行业分析不必做过多解释，分析通常围绕着不同行业类别做战略分析、归属分析、信用评估以及相对价值评估等。当我们在分析中比较不同行业时，我们一定要知道它们是如何定义的。基金经理根据行业对债务发行人的分类，与参照指数对同行业进行的分类可能完全不同。比如说，卫星板块不是一个独立的板块，很多在这个行业中拥有大型资金结构的发行人都分别为广播公司、有线网络运营商和通信商提供服务，对于这三个不同行业我们应该将哪个纳入其中？两位资深的市场分析人士的意见也可能出现分歧，这将对你分析行业数据造成一定的影响。所以请在进行行业归类分析时对此多加留意。

05

企业债数据分析基本工具

就目前而言，大部分数据分析的方法和工具可以通过Excel或者类似的软件来实现。你会发现在各公司金融数据分析中，虽然不断地涌现出更复杂的技术，但应用最广泛的分析技术却基本上都比较简单。在企业债分析中所应用的数学工具和术语对于外行来说貌似显得有些吓人，但是实际上，分析中应用的公式和计算过程却并非都那么重要，真正重要的是理解、解读这些公式和结果中所包含的意义。

有些系统可以进行多种债券计算、处理大量的仓位数据，同时下载市场中各个产品的定价数据。最常用的可能就是彭博（bloomberg）终端。然而人们还可以选择其他数据供应商所提供的系统，有的公司甚至会使用自己开发的系统。

在日常的金融和证券业务中，人们使用过多种不同的分析和统计技术。本书不会把它们全部涵盖一遍，但是会把重点放在几个基础的、被广泛应用在企业债分析中的技术上。

图表数据

把数据以图表的形式表现出来是一种相对简单的数据分析方式，它在趋势和变化的把握和市场间相关性等方面能为我们提供很大的帮助。

在分析宏观趋势对市场影响时使用图表分析法特别有效。简单举例说，我们可以列一张以时间做横轴，十年期美国政府债券收益率和 B 级企业债平均收益率为纵轴的图表，来比较和探究两者之间的关系与趋势。如果你在图表中也加入 BB 级和 CCC 级债券，你有可能会发现某些规律，比如哪种债券对利率的上升（与十年期美国政府债利率对照）最为敏感，哪种最不敏感。当你把这些数据体现在图表中时，你可能还发现，在一些特定时间内，某些评级的债券相对于其他债券的市场价格比其历史价格交易得更高或更低。这样我们就可以利用这些观测结果来制定一些相应的交易策略。

关于历史数据值得注意的几点

对于任何一种分析技术来说，我们都需要注意一些看似不重要的因素对数据所产生的影响。例如，在分析一段时间序列的数据时，如前面所述的债券收益率对比案例，其中一个重要的问题就是市场结构的比例可能会随着时间的变化而发生显著改变，那么它将导致数据失真，或是导致用户因先入为主而对其产生偏见。对杠杆化的产品而言，这种变化尤为明显，因为杠杆借贷、新兴市场、高收益债券等产品的市场结构相对于一般投资级产品市场而言变化得更快。例如在过去的 12 年中，高收益债券市场中的通信板块相较于其他板块的比例出现了明显的下滑，那么你可能会得出这样一个结论：通信板块在过去 12 年中交易的价格过高，或者这个板块中的公司显著地提高了市场中的信用表现。而事实上在过去 12 年中，该板块中的主要发债公司已经发生了巨大的变化。早期，板块中的债券可能主要是由刚成立的新公司发行的，所募得的资金主要用于初期的建设。但是经过一段时间后，这些新公司中的大部分可能已经破产倒闭了，而剩下的公司自然是在业绩方面做得更好的“幸存者”。这些具备盈利能力的公司与之前相比，是一个全新的组合，也完全改变了之前的板块中公司的组成。所以事实上，拿板块过去 12 年的数据和现在作比较，就像拿葡萄和葡萄酒作比较一样——虽然两者存在一定共性，但是本质上看来他们是完全不同的产品。此外，当人们把它们吸收进身体（投资组合）中时，所产生的效果也截然不同。

趋势分析

在进行图表分析时，添加趋势线对我们的分析很有帮助。尤其是当某些数据第一次在图表中表现出来时，它们看起来可能会显得十分随机，这时候趋势线的作用便尤为重要。尤其是在分布图中，趋势线可以帮助使用者更清晰地识别数据的走势，同时还能及时发现异常数据，包括 Excel 在内的大多数软件都具有在数据图表中添加趋势线的功能。相比趋势线，还有一个类似但是更高级的方法是回归分析（regression）。

在图 5—1 中，上面的图是息差与杠杆关系的散点分布图。点的位置越高（息差与杠杆比值越高）、离 X 轴原点越近越好。该图的分布看起来十分随机。但是在添加上趋势线以后，我们会发现在趋势线以上部分的公司可能相对于其他公司显得更加便宜，而趋势线以下的公司则显得相对较贵。从理论上来说，在这里趋势线表示了市场的合理价值。

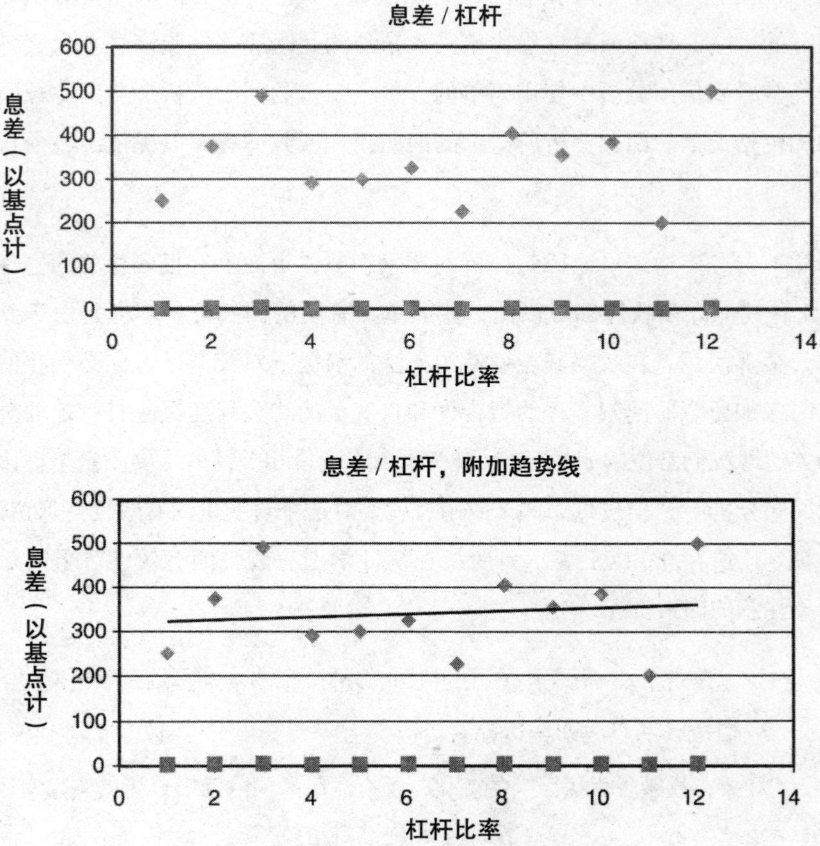

图 5—1　有趋势线和无趋势线的散点图

回归分析

回归分析将一个分析目标作为因变量（这里我们就拿同一行业中的一组债券与美国国债的息差作为例子），将一个或多个影响因素作为自变量（这里我们可以用杠杆比率或利息偿付比率作为例子），来分析自变量和因变量之间的关系。我们可以通过一些特定的数学测试去检验自变量是否可以作为预测因变量的工具而存在。例如，在这个例子中，我们问题就是：杠杆率和利息偿付率是否对债券息差有着明显的影响，从而通过这层比率关系来预测是否应该按照该息差来交易。我们可以经常看到信用分析中使用简单的、单一变量的回归分析，用以比较同类债券之间的价格高低。回归分析所得出的回归线和回归方程可以提供出各个自变量的参数。

本章不会过多详细讨论回归分析的技术细节，市面上有很多相关的书籍。微软 Excel 和其他许多软件都可以做一些简单、有用的回归分析。但是由于操作过于简单，很多使用者在忽略其正确使用方法的前提下对其滥用，你必须在使用回归分析时多加留意。回归方程的拟合度和自变量的相关程度都应有特定的衡量指标。相关性即我们常说的 $r^2$①，是对自变量与因变量相关性的主要测量指标。如果在一个回归分析中 r^2 值过低，那么使用者就要对这个自变量的有效性持保留意见。一般来说，r^2 值在 0.6 以上表示自变量在统计学上有较强的有效性。下面是其他一些需要注意的因素。

- 请记住，回归分析是基于历史数据的分析，而市场却是始终不断变化的（企业债市场的组成和结构都有可能发生巨大变化），所以我们必须要注意。如果市场曾发生了巨大的变化，那么这段时间的回归分析的实际有效性到底是多少。
- 如果自变量和因变量的关系是线性的，那么简单的回归分析将比较有效；但是在很多情况下，两者之间的关系是非线性的。举一个简单的例子，如果要每小时计算一次工人的周薪，那么在加班时薪大于一般时薪的情况下，如果算上加班时间的薪水，周薪和一周工作时间之间的关系就是非线性的。
- 先将数据取对数化或反对数化，再进行回归分析，这是使数据更加平滑的

① 在进行回归分析时，你可以计算出数据点到拟合曲线的距离，也就是离差，然后再求其平方和。通过离差平方（同时包括正负离差）和可以得出数据相对拟合曲线的标准误差 SE_{line}。而 r^2 则等于（$1-SE_{line}$）$/SE_{avg}$。SE_{avg} 是将所有数据计算与拟合曲线误差的总和后取平均值。
——译者注

一个常用方法。此外还有其他很多使数据变平滑的方法，但是我们在研究的过程中，必须确保从始至终使用相同的平滑方法。

- 样本容量越大，回归分析的效果越好；样本越小，回归分析结果的预测能力和可靠性就更弱。
- 在多变量回归分析中的一个常见指标是共线性。如果自变量之间本身存在相关性（有一个高的 r^2 值），那么回归结果可能会误导使用者。

在对回归分析结果完全认可之前，还需要进行其他一些测试。

本部分的结论是，回归分析可以成为一个很有价值的分析工具，但是在应用时必须小心谨慎，确保使用的正确性，同时不能滥用和过度依赖回归分析。正如前文中所提到的，目前市面上有着很多优秀的关于统计学和计量经济学的书籍，它们深入介绍和探讨了回归分析的过程。Excel 可以运行回归分析，此外还有其他更多更强大的统计工具软件（如开源的 R 语言）以及其他一些容易买到的软件（如 miniTab、SAS）。

相关性

在统计学中，我们有两个用来描述相关性的概念，分别是相关系数 r 和相关性判定系数 r^2（如前文所述）。相关性可以在回归分析以外的其他场合独立使用。它常常被用于描述各个资产价格之间相互关联的程度。在企业债分析中，相关性通常被应用于比较各个板块总收益率之间的关系。相关系数的范围是 –1~+1，上下限各表示完全正相关和完全负相关。一般情况下，计算时会剔除异常数据。我一般会忽略双边两个 2.15% 极端区域的数据，这两个 2.15% 的数据区域表示在模拟正态分布中、偏离期望值两倍以上标准差的数据区域。

人们常常会看到各种资产价格和市场基准之间的相关性研究。这些市场的基准包括十年期美国政府债券或者标普 500 指数，资产可能是投资级别的企业债市场或者是高收益债券市场。经过对过去较长的一段时间进行研究发现，投资级债券与政府债相关性更高，而高收益债券与股票指数相关性更高。但是由于资产组合有着无数种构建方式，他们之间的相关性数值也近乎无穷多：我们可以计算行业板块之间的相关系数，可以计算板块与指数之间的相关系数，还可以计算信用评级或是到期日之间的相关系数。但是请大家记住，就算某些板块或是资产类别与其他一些指标有很强的相关性，这依然不能证明这两者之间有着直接互为因果的逻辑关系①。

用表格数据支持图表

通常来说，图表是以表格形式整理数据后所得出的。显然，仔细检查表格数据是非常必要的。当我们把数据录入表格时，最好尽可能做到细节明确，并且便于修改，因为在将来你可能经常需要筛选和搜索这些数据。

将数据制成表格是个很好的筛选信息方法。我们可以通过改变数据颜色（或者其他类型的高亮）来加强特定趋势或异常数据的醒目程度。请记住，简单的表格通常是最佳表现形式。正如爱因斯坦所说的那样，简单的往往是最好的。

查询和排序

尽管前文中所述的技术更多在分析宏观主题时使用，你也可以经常在试图研究某个特定投资想法时用到它。有时当你的分析开始移向微观层面时，更需要知

① 在分析不同市场之间的关系时，要时刻牢记因果关系这一概念。——译者注

道关于债务工具的具体细节。

当你想从数据库中提取细节时，你一定会用到查询和排序。由于企业债有着多层面的数据，在一个简单项目中所使用的排序标准和循环类型的数据量可能非常大。

一个好的数据库允许你运行相同或不同类型的查询。比如，你发现了一个资本互换机会，此时或许你想去数据库中寻找全部拥有优先担保和优先级别债券的发行人。在做这个查询时，我们必须要使用正确构建的数据库。数据库必须能够识别每个发行人和每笔债券的编列，它还需要包含最新价格、收益率和息差等我们所需的信息。也许你想在查询时限制信息的数量，比如你只想知道美元计价发行人，并且发债规模在 2 亿美元以下的债券，甚至不考虑任何 CCC 级别以下评级的债券。所以你的数据库必须要具备这样的识别能力。

排序就如字面上的意思一样，在查询取得了数据之后，它选择了一种对数据的排序方式,数据的顺序能够回答某个问题,或是显示某种规律。在前一段案例中，你想为全部拥有优先担保和优先级债券按照最差收益率息差排序。这种分析方法会直观地告诉你哪个发行人的债券对于你来说在进行互换时最有吸引力。下一个层面要做的事情是通过信用分析来发掘不同发行人的信用质量，以及相关债券的具体细节。

查询和排序在寻找特定投资建议和交易思路时很有价值。问题的关键是我们需要同时正确设计查询和排序的方式以及数据库，这样一来数据库才可以在查询时顺利地给出我们所需要的结果。从事微观分析时，你会发现这是最常用的分析工具之一。

06 数据挖掘

什么是数据挖掘

一些在数据挖掘中所使用的工具和术语来自于统计学，比如回归、相关性和标准差。尽管有的人把数据挖掘定义为独立的学科，但是我依然视其为统计学的一个分支。

数据挖掘发挥了现代计算机和算法的力量，媒体对这门学科的曝光度也非常高。它通过处理大量无序和纷乱的数据以试图得到可预测、可识别的模型。数据挖掘同样是用以寻找模型中异常值的好工具。

通常来说，当你把数据在图表中或以排序的形式展现出来时，你希望能够从中找到某种特殊关系。当你在处理这类问题时，也许通过设计数据看到市场中的一个板块是否被高估或低估，或找到一些相似的特点。比如说，一个基金经理想知道手中哪种债券的仓位长期以来经常表现不佳。也许他想看到发行人所处的行业分类。因此，有效地搜寻可以帮助我们解决这个问题。在数据挖掘中，系统试图通过大量数据以找到其中不明显的特性和关系。在传统的统计学中，你会带有目的地寻找一个特定关系。而在数据挖掘中，系统会试图帮助你找到一个不明显的现象，而这个现象是你最初所不了解和不关注的。这其中一些技术所用到的理论如邻域运算（neighborhood）、聚类分析（cluster analysis）、决策树（decision trees）以及神经网络（neural networks）等。

许多成功使用数据挖掘的案例都主要出现在市场策划和销售中。数据挖掘通过大量客户数据，从中找到一些特性。每次当你在大型超市或连锁药店里刷自己手中的“特殊顾客折扣卡”时，他们就会获得相关信息，随后再把这些信息传送到复杂的程序中，以找到用更高价格卖给你更多东西的方法。最著名的案例莫过于某连锁便利店发现，大部分男人们会在每个星期的同一天买走啤酒和尿布这两样产品，但是这两样产品却并不经常陈列在一起。因此在处理过相关数据后，便利店会改变自己的产品陈列方式以提高销售额，而且确保啤酒在该星期的这个日子中不参与打折活动。数据挖掘从相对随机的数据中寻找我们之前没有分析过的规律。很明显，数据挖掘团队找到的这层关系并不是靠人们的直觉就能发现到的，尿布和啤酒的搭配可不像日常中薯条和辣番茄酱的搭配那样可以直观地联想到。

尽管数据挖掘看起来像是统计分析的未来方向，而它在金融界中的使用也不像市场营销和商品推销那样广泛，但我们值得花时间来看一些数据挖掘使用的基本技术，或许等到数据挖掘更广泛地被应用到金融行业中时，能激励你在未来找出使用它的新方法。

许多程序可以应用于数据挖掘，除了 SAS 或 SPSS 外，R 也是包含着全面统计工具包的开放源代码的程序。R 的图形界面叫做 Rattle，是使用甚广的数据挖掘工具。

邻域运算

数据挖掘中会使用到的一项技术叫做邻域运算。这项技术试图通过记录其他拥有相似属性的产品来对自身做出预测。下面，我们来举一个应用了领域运算的例子。比如，某城镇中大多数家庭年收入超过 10 万美元，大多数人拥有 1/2 英亩[①]土地并拥有至少 2 辆车。现在有一片区域的全部家庭住宅面积都超过 1/2 英亩，而且家庭年收入都超过了 10 万美元，那么你便可以做出这些家庭应该都拥有 2 辆车的预测。这项技术有效应用在文本识别和检索中，比如网站新闻。此项技术在未来的企业债分析中可以帮助我们迅速分析金融新闻、债券契约以及借贷合同等文本以及文案的改动。

聚类分析

聚类分析是另一个应用广泛的数据挖掘技术。简单来说，聚类分析比较直观。想象一下，如果你有两个碗架置放餐具，或许你会理性地把全部的碗放入其中一个碗架，而把全部的盘子放入另一个碗架。然而在聚类分析中的情况要更复杂一些，程序员需要在概念不确定的时候判断聚类如何形成，比如当你置放大咖啡杯时应该如何做出决定。

我们在集群上使用标签。随着数据的增加，标签中涵盖的名字清单便越来越长。在理想的情况下，我们拥有很多集群，每个被标签的集群都会随着数据的增加而变得越来越大。你希望通过算法找到这些标签内部名字之间的共同性。聚类

① 1 英亩 =4046.86 平方米。——译者注

分析通常不是为了寻找哪些数据适合现存的规律，而通常是寻找数据中哪一部分不适合。例如，100 家连锁加油站中的某一家某天只卖出了半数的油，那么它可能与其他连锁店有着哪些方面的区别。也许其他的加油站都在有红灯的街角，而这家不在；也可能其他加油站旁边都有着标志，而这家没有。就像那首《芝麻街》歌曲里所唱的“……其中之一与众不同，它不属于这里……”也许未来这种分析方式可以用作发现某只债券在复杂的资本结构中与其他债券的不同，或者从广泛的数据库中找到交易形态与众不同的证券，并去分析它的原因。

聚类分析技术可以在使用层次聚类（hierarchical clustering）和多维聚类（multiple dimensions of clusters）时变得非常复杂。但我希望上文中的案例可以让你了解到聚类分析理论的基本概念。

决策树和神经网络

决策树是可以用在解决所有问题时和博弈论情况时的工具。它是在进行信用分析时的一个非常有效的工具，而且可以被应用在企业债的更大数据规模的分析中。你从历史行情中取得数据，再把这些结果按照概率权重新投放到具有前瞻性的决策树中。

决策树由一系列问题和答案构成，在选定了可能的答案后，再根据该答案进行下一个问题。其中提出正确的问题至关重要，比如：

- 公司有可能被收购吗？有可能还是没可能？
- 谁有可能是买家？是更有实力的竞争对手、纵向合并者、小型竞争对手还是一家私募基金？
- 对于每个不同买家而言，企业债券可能会有什么情况发生：债券会被赎回吗？杠杆被降级或是去杠杆化被升级吗？

- 不同情况下债券的交易情况会出现哪些变化。

你可以从上文简单的案例中看到，提问的方式和回答都十分重要。在分析过市场中的历史数据后，它们可以帮助我们找到正确的问题、正确的答案以及每一种答案所对应的概率。

在过去的几十年中，从事数据挖掘和统计工作的人们开始使用程序算法来帮助制作决策树，有时这个过程中要使用大量的数据分析。从理论上来说，程序应该一直运行到最后一个问题并得到唯一答案为止。

神经网络更像超级决策树。当然，它与真正的神经系统并不相同，但却是由人工设计成模拟人体神经系统的行为。这种算法试图从用以分类的数据中“学习”，随后根据数据设计出决策树。每一个决策树中的问题可以被看作是神经节点。在制作程序时，我们需要设计出正确的问题，并把它们安置在正确的节点上。在使用神经网络时，通常数据的格式要与原始数据格式有些许的不同。在这里，数据要以二进制的形式存在，这样它才可以被用以回答问题。

很显然，这类系统会在你寻找异常值或解释异常值时有着更高的成功率，它们在根据结果寻找数据的重要特性时也有着不错的效果。

数据挖掘技术在企业债分析中的应用

迄今为止，数据挖掘在股票市场中得到了更广泛的应用，我认为这要归结于在股市中数据更精确、更稳定并且更容易获取所致。然而我同样坚信不久之后，这类方法也会迅速作为企业债分析工具而为人们所用。企业债市场参与者以及其他资产类别中的投资者经常寻找影响证券价格表现的异常值，而数据挖掘正好在这方面已经取得了极大的成功。因此，数据挖掘技术必将会在今后作为一项常见的技术工具被运用在企业债数据分析中。

结语

诸多统计学工具在债券市场中得到了广泛地应用，但是仍然有许多统计学工具还尚未得到有效地开发，多数投资者甚至不使用任何统计分析方法。我认为，加强统计学工具的应用能提高投资者的表现，并能有效降低风险。

在开展研究项目之前，首先要考虑在该项目中应该运用哪些分析工具，提前整理好数据可以为今后使用最先进的分析工具做好铺垫。当然，如果想以最高效的形式开展工作，那就需要把分析的最终目标铭记于心。在尝试不同种类的分析工具之余，时刻与团队保持有效沟通。

DATA ANALYTICS FOR CORPORATE DEBT MARKETS

Using Data for Investing,
Trading, Capital Markets,
and Portfolio Management

第三部分

企业债投资市场和参与者

罗伯特·克里切夫

这一部分介绍了企业债市场中的一些主要板块，其中包括美国、欧洲乃至全球公司的债券和借贷。这些市场之间存在着较大差异，但是市场中的债券都需要进行信用分析和债券分析。

这一部分还介绍了企业债市场中的不同参与者。我们主要讲解主要交易者是如何在工作中应用数据分析的。

07

企业债投资市场

在企业债市场中，每个组成部分都是根据不同的债券类型、债券评级，或者是按照货币或国家等不同定义来区分的。各个市场之间都有相似之处，但是在风险和其他一些特征方面又有着不同。

投资级企业债

投资级企业债（通常也被称作高评级债券，或 IG）通常是企业债市场中信用评级机构给予最高评级的那部分债券。这些债券的价格常常对评级机构的举动十分敏感。

- 投资级债券是被标普和穆迪两家评级机构给予投资级评级的公司所发行的债券（定义为标普 BBB- 或穆迪 Baa3 以上的评级）。
- 如果一个评级机构给予投资级评级，而另一个机构的评级低于投资级，那么这就是分裂评级（split-rated）。请注意，公司的信用评级和该公司发行的某特定债券的评级是两个不同的概念。
- 这些债券的价格倾向于拥有非企业债的一些特征（如政府债券），并且其价格也与非企业债市场的走势更相近。一般来说，投资级债券被认为信用风险比其他企业债更低，而利率风险更高。因此，本书大部分的分析会更多地聚焦于低评级的企业债市场，但是这些分析依然可以被应用在高评级企业债的分析上。

高收益企业债券

高收益企业债（也被称为杠杆债券或垃圾债券）的价格波动范围要远大于投资级企业债。此外，它们的价格对于评级机构的变化行为也不太敏感。高收益债券是企业债市场中成长较快的部分之一，而且由于这一市场的增长变化，高收益债券比投资级债券的表现更加活跃。

- 高收益债券是被主要评级机构给予投资级以下评级的债券。此外，市场中还包括了很大一部分没有评级的债券（无评级债券也叫做 NR）。
- 高收益债券一般比投资级债券有更复杂的结构，有时会伴有少见的利率结构，并且大多都有回购特性等。由于高收益债券存在着更高的信用风险，这些债券通常伴有比投资级债券更加全面、细致的限制条款。
- 对高收益债券进行数据分析和信用分析时，我们看到该市场表现更倾向于相互渗透，它结合了传统固定收益证券数据分析和股票数据分析。投资者在该市场中会更多关注信用质量，而更少关注利率风险，因为对于高收益债券来说，信用质量变化所产生的影响远大于利率对债券价格所产生的影响。

杠杆借贷

杠杆借贷是与高收益债券相当的借贷。这些借贷通常由银行发行，但是不一定总是被银行认购。现在一些共同基金和其他机构投资者也向银行购买杠杆借贷。与高收益债券相似，杠杆借贷市场在过去几年中也经历了快速增长。

- 杠杆借贷是低于投资级的公司所持有的银行借贷。借贷虽然不属于证券范畴，但是杠杆借贷在结构和价格波动等很多方面的表现都相似于高收益债券。
- 借贷通常是公司资产结构中偿还优先级最高的债务类型。借贷与债券有一些不同的特点。借贷通常采用的是浮动利率，而且很少有赎回保护，但是却通常比债券有更详细的限制条款。同时，借贷的到期时间一般比债券要短。
- 借贷发行通常分为 A 和 B 两个部分。A 部分通常具有跟传统银行借贷（如抵押借贷）相类似的结构。而 B 部分则更类似于债券的结构，并且比一般债券有更少的条款和更高的收益率。当然，除了 A 和 B 部分之外，有的借贷还会被分成许多其他部分。
- 借贷不会被挂牌交易，也不会向公众发布信息，因为借贷的性质就是私人的，而非公开注册的，所以公司甚至不需要对外公开借贷的详细条款。而对某个债券进行交易前，先要得到经纪商或者债券发行公司的批准和许可。所以，正是因为以上这些原因，银行借贷市场甚至比高收益债券市场流动性更低。

新兴市场及国际债券和借贷

在前文中，我们基本上都在介绍以美元和欧元为计价基础的债券和借贷市场。以美元和欧元结算的固定收益证券在全球企业债市场中占据最大份额，有许多非美元区和非欧元区国家的公司也常常发行以美元或欧元结算的债券。但是，一些投资者和指数基金将这些外国公司排除在外。此外，还有的投资者将所在国家政府债券低于投资级的公司排除在外，这些被排除的债券就常常被归为新兴市场债券。

许多非欧元区或非美国的公司常常会以欧元和美元为面值发行债券。但是另一个国际企业债市场的分支是以当地货币为面值发行的债券，例如波兰某家公司就以兹罗提计价发行债券，而不是以美元或欧元计价发行债券。同时，投资者和指数基金一般会对债券的发行货币和发行公司的所属国加以区分。

以上这些不同市场的子分支使得投资者们在使用数据分析解读国际债券市场时有了更多的角度。

而当投资者们进行国际化投资时，尤其是那些对美国的金融标准十分熟悉的投资者，则会遇到许多问题。不同的国家通常会有不同的会计准则，而这些准则有时候会跟美国的 GAAP 或者 IFRS 标准有所不同。这些国家的会计准则对财务信息的披露程度和记录标准会有不同的要求。例如在美国，一般来说上市公司需要每季度发布财务报表，而欧洲公司一般是半年发布一次。这些因素再加上其他一些问题，将导致不同国家的公司的财务透明程度大相径庭，这会给投资者们带来风险。此外，还有非常重要的一点是，不同国家通常使用不同的破产法。有些国家的破产法非常不透明，而有些国家（如美国）则会以财产清算为基本，执行一套非常严格的偿债优先级顺序，以不同的货币发行债券本身也是一个需要关注的风险。同时，新兴市场债券还包含着更多的政治风险。

在投资新兴市场企业债时，一个显著的区别就是这些新兴市场的国家的政治、经济环境有时会发生十分剧烈和快速的变化，这种剧烈的动荡的影响，甚至常常超过了任何公司信用方面的因素。政治因素对经济和公司财务的影响尤其难以分析和评估，而且常常会对投资回报带来巨大的冲击——具体可以参考在 21 世纪初期投资委内瑞拉的投资者情况。

尽管非欧元区和非美元区的债券投资有许多不同类别和风险，对于希望参与投资这些市场的投资者而言，本书所介绍的许多工具和概念具有非常重要的价值。值得注意的一点是，虽然这些国际债券市场和新兴市场可能会有很大的波动性，但是这些市场同时还有很高的成长性。在未来十年中，这些市场很可能在全球企业债市场中占有更大的比重。

信用违约掉期

信用违约掉期（CDS）在投资级债券和高收益债券市场中都有应用。此外，还有专门针对借贷的 CDS，我们称之为 LCDS。LCDS 与 CDS 的原理是相同的。自 2008 年金融危机以来，政府对 CDS 的监管有着显著的增加，CDS 市场的结构也出现了更加深层次的变化。

- CDS 从本质上讲是针对债券和借贷的保险契约。CDS 的买家向卖家支付一定的费用，而卖家则在债券或借贷出现违约的时候支付买家借贷的本金和利息。如果说得更加详细一些，就是当债务违约发生时，CDS 的买家把违约的债券转让给 CDS 卖家，而卖家则向买家支付现金。
- 不是所有的债券或借贷都有对应的 CDS，必须有愿意提供违约保险的一方和相应的买家才能创造 CDS 合约。
- 一些投资者使用 CDS 是为了手中的仓位或投资组合对冲违约风险，而另一些则纯粹是为了投机获利。
- 针对单一证券发行的 CDS 被称为“单一资产挂钩的 CDS”（single-name CDS），这需与 CDS 指数加以区别。CDS 指数是由许多不同的“单一资产挂钩的 CDS”组成的。对 CDS 和 CDS 指数进行交易时，会对 CDS 相应标的资产（如债券、借贷等）的投资收益产生极大的影响。对于一只债券而言，其 CDS 的数量很可能会超过债券的总数量。所以分析 CDS 和 CDS 指数可以对把握市场的动态起到十分重要的作用。

08 市场参与者

我们需要了解企业债市场中主要的参与者，以及他们对于数据分析的不同需求。我坚持认为，各行业的许多经营者并没最大程度地使用数据分析，因此这也为那些愿意为此付出实践的人和数据供应商们提供了大量机会。

市场中不同类型的参与者对数据类型的需求不同，需要根据他们在市场中所扮演的角色而定。比如卖方的交易员以交易执行为主，他们所寻求的数据与保险公司的买方长线投资经理所寻求的将存在着显著不同。再举一个例子，在银行贷款定价数据十分有限的情况下，分析价格变动会对我们很有帮助，但这要求终端用户在认可银行贷款定价数据不完整的情况下进行。

值得注意的是，企业债市场中绝大部分都是机构投资者，个体投资者很少。造成这种情况的原因有很多：首先，一手合约的要求最低为 100 万美金；其次，从交易的角度上看来，市场的流动性非常差。美国政府规定，许多债务只可以卖给那些“有资质的买家”，许多小型机构甚至不符合这个规定。个体投资者通常通过共同基金、ETF，有时甚至间接地通过养老基金或保险投资参与其中。 因此本章接下来所讲的部分不适宜个体投资者。

发行人

企业债的发行人既有私营公司，又有上市公司。通常，这样的公司需要具备一定规模，或是至少公司的债务具备了一定规模后才能出现在企业债市场中（不同人对此规模的要求不同，但通常 1 亿美元是个不错的标准）。

大多数企业债发行人并不经常发债，也许 3~5 年或更久才发债一次。尽管公司的财务团队想要了解自己所借钱的市场情况，但是他们通常并不使用具体债务市场分析的方法。然而的确有不少公司在频繁地发债，这通常是由于公司自身需要购置的属性而使其拥有更复杂的资产结构。此外，一些典型地拥有公司股份组合的私募股权公司，它们有时使用杠杆来收购这些公司，因此这些私募基金也间接地、经常地成为债务的发行人。

这些发行人需要分析市场中与新发行相关的数据，他们想知道哪些行业和哪些结构的新发债正在被售卖。更重要的是，他们想知道投资者对这些新发债的收益率需求是什么，这样他们便可以以此做比较和参考。

他们还想收集、分析其债务发行所在的市场中整个供求的数据，因为这可以比较不同市场中的相对价格，以便决定到底该发行杠杆借贷还是高收益债券来为收购提供资金支持。

新发债的数据以及分析能力对于一些私募股权公司来说非常重要，它们甚至专门成立了自己的资本市场团队来全职做这件事，还有的公司甚至成立了新债的承销部门。尽管对于这些公司来说，这足以显示了处理新债价格的重要性，但是同时也引发了一系列矛盾，比如当私募公司的资产管理部门在使用第三方资产投资新发债时，与此同时该公司的其他部门也正在从事承销、监管同样债券的发行。

投资银行与经纪公司

对于发行人来说，投行一般扮演着顾问的角色，它们会指导发行人应该使用何种融资形式以及相关开销，法律和会计公司在这个过程中也会介入其中，投行从发行人手中获得酬劳。

大多数大型投行都拥有经纪公司的业务（或证券部门）。投行这一部门通常使用自有资金帮忙把新债分销给买家，以达到债券发行后的做市作用。在投行部门与销售之间由资本市场团队连接，主要负责发行和为投行客户新的融资定价等事宜。资本市场团队的人员需要在定价时能权衡市场中不同组成部分之间的观点。他们需要估出一个使足够多投资者接受的前提下，同时对于发行人来说是最好价格，因为发行公司和投资者毕竟都属于投行的客户。

为了赢得发行人的生意，投行可能自身需要承担一部分资金风险、为过桥借贷提供资金（短期借贷，直到债券或银行债款到位为止），或者提供劣后资金（为发行人确保发行价，否则银行自掏腰包支付差价）。此外银行间借贷的牵头主行通常自留一部分债务，而且还经常对发行人提供相对短期信用可赎回的循环债务。

经纪公司通常拥有一支庞大的交易团队，包括研发人员、交易员和销售，他们在处理新发债之外，还要花一定的时间在二级市场（发行新债属于一级市场，其他交易属于二级市场）上。在二级市场中，经纪公司要么用自己的资金做交易，要么匹配买家和卖家。尽管 2008 年后金融管制开始限制这些公司长线持有证券，但是这些公司依然在为市场提供流动性时同时保持持有状态，同时还能通过撮合交易赚取佣金。然而这些隶属于投行的经纪公司的持仓额度和时间跨度开始受到越来越多的监管。此外，这些规定提高了进行以上操作的保证资金需求，因此经纪公司手中提高流动性的真实资金也就变少了。

拥有经纪公司业务的投行手里同时掌握着发行新债的公司和买入债券的客户，

很显然，这将导致一定的冲突。针对这种情况，相关规定的出台起到了一定的平衡作用，在二级市场中交易的经纪公司不得参与一级市场，此外有的投行只允许做少量或者根本不可以做承销业务。

投行和经纪公司一般都是所谓的卖方。卖方既是数据和分析的提供者，又是使用者。卖方设计和管理了债券市场中大部分的指数。它们还拥有策略师，其通过制定宏观策略帮助公司交易员和客户策划投资意见。

投行人员和资本市场团队对指导新债定价和债务结构的数据非常感兴趣。他们可以使用这些信息对客户进行指导。这与发行人希望获得和分析的数据大体相同。这些信息适用于二级市场中可比交易的交易情况。此外，这对于观测市场中的供求关系也尤为重要。对于流入企业债市场的资金类型也有着重大影响，比如债务抵押债券、保险公司和对冲基金就对发行人有着不同的喜爱偏好。市场分析一般也就是指对供求关系数据所做的分析。

经纪公司的信用分析师、交易员和销售可以通过数据分析做很多事。技术分析师提供近期市场趋势的观点，以帮助他们建立是否应该调整市场中仓位的观点。许多交易员持有对冲仓位，这些策略也会受到技术分析的影响。此外，他们还将这些数据在微观分析中使用，以分析市场中不同行业间的相对价值，同时还将数据延伸到具体债券或借贷上。他们这样做既可以对自己的组合进行调整，还可以为交易员和销售客户提出建议。

到了经理级别（我希望经理以下级别也同样），应该定期地做风险分析。风险分析需要分析公司所持的仓位、权重以及流动性等风险。请记住，交易员所使用的交易资金是有资金成本的，在风险模型中同样需要考虑。此外，有前瞻性的卖方公司还要通过各国数据来分析交易的使用情况及其回报。这些公司还要定期检查运营情况，比如检查交易盈利水平或不同客户的交易情况，以帮助提高业务能力。

市场参与者用以自身改进所使用的数据和分析级别，会因公司或个体的不同而出现巨大差异。

关于卖方需要注意的地方

卖方投行从公司财务部门到销售人员的一个共同重要特性是以交易为导向，不论他们关注的是新债发行，还是两位客户间的二级交易。出于这个原因，如果他们无法功利地与交易利润或规定直接相关，那么手中一些分析工具的可利用资源便十分有限。除此以外，卖方与其他主要市场参与者的不同之处还在于，相比客户而言，他们手中的资金更倾向于在短期内操作。资金的流动性和周转率是重要的风险度量。

基金经理与机构投资者

经纪公司交易和销售部门的客户一般都是投资经理，也叫做买方。买方的构成与卖方有着极大的不同。投资经理因其所管理的资金种类、管理风格、收费结构和企业结构不同而存在较大差异。

举一些资金种类的例子：

- 养老基金；
- 共同基金，通常由专门的策略分析师来运作；
- 保险资产；
- 家族财富基金；
- 主权财富基金；
- 结构化产品，比如担保债务凭证（CDO）。

这些资产的管理风格从极度保守（只允许投资那些评级为投资级别的债券，而且不允许出现净亏损）到极度激进（允许投资组合中存在评级为 BB- 以下级别的债券，以及股票或存在违约风险的证券）都有可能。

资金可以进行内部管理，比如保险公司成立一支内部投资团队，他们也可以外包给独立的投资经理。通常当资金被交到投资经理手中后，它们便会根据需求被投入到特定组合中。例如，一只家庭财富基金选择把资产的 40% 投入到股票中，60% 投入到固定收益产品中。随后在固定收益组合中，资金的 10% 分配到投资级别，60% 分配到高收益债券，另外 30% 投入到激进的对冲基金策略中。以上三种分配策略可能分别投给不同的基金经理，也可能由同一位基金经理来分配。然而最终的分配还是由家庭财富基金决定，它既不希望处理高收益债券的基金经理对投资级别债券是否该买入做出决策，也不希望基金经理以现金的形式大量手握该基金。因此基金经理的工作是把自己所处级别内的资产合理地投资出去。

基金经理可能是数据分析使用的大户。他们使用专门的系统用以行政监测。这些行政系统通过分析所管辖账户的规章，以确保交易顺利进行。其他的行政分析包括对比不同经纪公司间账户的资金周转率或者成交量，从而确保交易时不出现过度倾向性。

只要在投资中使用数据分析，那么所得结果便有着无限的可能性，我们应该设置不同的规则来判断特定重要数据和趋势。对于不同基金经理或客户而言，他们的关注点会因人而异，但是他们一定会不断对此做出检验。以下就是一些基金经理应该定期分析的项目：

- 分析确定宏观趋势的主旋律；
- 通过排序找到适合宏观趋势主旋律的投资标的；
- 对比业绩与基准；
- 对比权重与基准；
- 分析投资组合的业绩归因；
- 分析投资组合的重要特性；
- 分析投资组合随着时间变化出现哪些特性的变化；
- 投资组合之间的离差；

- 分析投资组合业绩表现的波动率；
- 分析投资组合的贝塔与阿尔法；
- 分析投资组合对宏观经济的敏感性。

有一些数据分析的方法专门为买方经理所用。买方经理也许同样关注卖方关注的具体技术因素和分析。对于基金经理来说，理解技术因素可以帮助他们在正确的时间做出买卖决策。相比于其他关注点，技术因素会出现明显的周期性质。

请记住，这个行业需要很多专业系统和分析，但是许多基金经理却并没能在分析工具和数据分析中投入过多时间和精力，哪怕从长期来讲这将使他们受益。

买方公司和卖方公司通常有半自主研发的系统以及内部专门的程序员。大多数债券行业相关的公司使用彭博。彭博不仅带有债券计算器、新闻和聊天工具，还提供交易功能和投资组合管理工具。这些功能都无形地被嵌入在每笔债券交易操作中。当然除了彭博以外，人们还有其他很多系统以供执行交易和投资组合管理的选择。

资产分配师和顾问

这个行业还有着一个重要组成部分，那就是资产顾问。这些专家与养老金分配师及家族财产分配师等人走得很近。资产顾问通过与客户沟通、分析后，帮助他们选择把资金投向哪个基金经理旗下。他们负责决策哪种资产应该投资、投入多大权重，以及判断该资产基金经理的风格类型。有时客户（养老基金或家族财富基金）会把资金分为内部管理和外部管理，也有时全权外包出去，因为这样可以节约更多成本或者支配更加灵活。

顾问们使用多种分析工具以便判断采用不同策略的候选基金经理的风险和收益。随着时间的推移，他们再继续分析这些基金经理的表现。

系统经理和程序员

买方公司和卖方公司还雇用了许多人来设计用以分析债券数据的系统和程序。有时这些人在公司里的IT部门工作，有时他们隶属于策略与研究团队，有时他们是安置在交易大厅的程序员，有时他们出现在公司的风控部门，有时他们还是投资组合分析团队中的一员。他们都具备正规或非正规的电脑编程技能。通常他们要与终端用户合作，并且了解终端用户所使用的工具和基本需求。在理想的情况下，他们具备良好的演讲才能，这样一旦他们了解了所处项目的终端需求，他们便可以把问题的数据以合理的结构表现出来，此外他们还能为终端用户提供在分析数据时将用到的潜在信息。

结语

一直以来，市场参与者对数据和分析付出了巨大的投入。数据变化无常，并且证券与发行公司之间的联系错综复杂，条款的细微变动就可能会引起巨大变化。因此一笔较大额度的投资仅能使投资者掌握相对全面的市场数据而已。但是如果投资者想要跑赢市场，我们需要在分析中使用更具体的数据（同时包含债券和权益信息），并且把宏观经济环境也考虑在其中。

市场中有着不同的参与者，他们的投资目标也不尽相同，因此他们在数据分析方面也有着不同程度的需求。但我相信，市场对那些有着编程和系统设计背景同时又了解不同分析方法的人才的需求将会越来越大。我希望这本书能为那些正处于职业十字路口的职业人士提供一些帮助。

DATA ANALYTICS FOR CORPORATE DEBT MARKETS

Using Data for Investing，
Trading，Capital Markets，
and Portfolio Management

第四部分

指数数据分析

乔纳森·布劳

指数是分析工作中最常用的工具之一。指数能直观地向投资者展示出市场和子板块的表现。它常常被用于绩效分析和权重测量中。

由于多数分析工作都会涉及到指数，那么我们就需要了解指数的优点和缺陷。了解指数是如何构建的也十分重要，这样投资者才可以明晰不同指数的侧重和特点。

与股票市场中的指数不同，企业债市场中不存在主导性的指数。此外，企业债市场中的主要指数都是由卖方机构运营的。

09 关于指数的基本知识

为什么指数如此重要

事实上在所有证券市场中，人们都会用指数来衡量投资表现。指数最广为人知的用途是作为衡量投资同一市场中投资组合的基准。指数可以用来衡量各种指标，如投资回报率（ROI）、总回报、未来期望回报率、收益率，或者也可以高于无风险利率的回报差。每一个指数的指标都可以综合衡量构建指数成分的证券综合表现。

指数也可以用来分析市场或身处该市场的基金经理的表现，以下是一些具体问题及回答。

- 相对于历史表现，当前市场的表现如何？指数在某种程度上可以帮助我们预测未来市场的变化规律。例如，指数可以对过去的事件及其发生时的市场各个指标和特征进行总结，那么当未来某个时间，市场的各指标特征与过去呈现相似特点时，我们就可以据此评估市场趋势：当前的市场与过去相比有什么相似之处？它们之间又有什么不同点？这些相同点和相似点会如何影响市场未来的发展？表 9—1 中展示了从 1996 年至 2012 年，高收益债券市场中各项指标的变化。

这些指标在一段时期内的变化与市场外发生的事件有着很大的关联。企业债市场对利率、金融系统的流动性和整个经济环境的好坏十分敏感。

表 9—1　普通高收益债券指数的各指标对比

	1996	2000	2004	2008	2012
面值（10 亿美元）	315	595	746	812	1102
市值（10 亿美元）	316	417	755	499	1157
总收益	13.2%	–5.8%	12.4%	–25.8%	14.4%
最低赎回收益率	9.5%	15.2%	6.7%	19.2%	6.4%
最差赎回息差（基点）	335	971	328	1771	562
当期收益率	10.0%	13.5%	7.9%	13.1%	7.6%
到期收益率	9.8%	15.1%	7.4%	19.8%	7.3%
修正久期（年）	4.1	4.4	3.9	3.8	3.5
平均信用评级	B+	B+	B	B	B+

注：除了总收益数据外，其他数据都是指年末数据

- 整个市场是由系统性风险主导的还是由非系统性风险主导的？系统性风险是一组证券都共同具有的风险。例如，在同一板块的股票，或者有相同信用评级的公司的债券。而非系统性风险只存在于少数个别证券，是与整个板块或市场相独立的风险因素。例如，某个大型债券发行人未能达到市场预期的经营表现，或者被金融机构或者评级机构提升评级等类似的个体性事件等。表 9—2 展示了企业债指数中所包含的几个常见板块。

  指数需要向投资者提供足够的信息，这样投资者才能知道指数的各指标，如收益、收益率、息差等特性在出现变化时，是由哪些板块或证券推动的。这需要指数给出指数全方位的各项数据、各个细分板块的指数水平、

各个板块包含的证券的名单，以及这些证券的个体指标数据和所属板块。

表 9—2 **企业债市场中的典型板块划分方法**

板块划分	注释
行业	宏观经济驱动
信用评级	一般参考两家以上主要评级机构的信用评级
发行规模	反映了发行债券的流动性；典型的划分方法包括：3 亿美元以下，3 亿到 5 亿美元，5 亿到 10 亿美元，等等
久期 / 到期年限	债券的期限结构；典型的划分有：1 年以下，1 到 4 年，4 到 7 年，等等
价格	只在投资级以下债券使用，用来表示风险水平；典型的划分有：50 美元以下，50~75 美元，75~90 美元，90~100 美元，高于 100 美元
偿债优先级	基本的偿债优先级划分：一级置留权抵押，二级置留权抵押，无抵押级，次级
票息偿付形式	现金票息支付，阶梯式票息，零票息，实物票息，违约债券
资金用途	用于公司常规运营、再融资以及收购等
发行国家 / 地区	对于需要细分债券发行国家管辖范围的跨国指数
货币种类	对于包含多种货币种类的指数

- 基金经理所选择的投资组合与市场指数有什么不同，我们又该如何辨识基金经理的业务能力？当基金经理选择市场指数来作为参照基准时，那么他们就可以通过控制投资组合中各板块权重的风险敞口来控制相对于整个市场的风险。通过改变权重来调整相对于市场的风险的例子：投资组合可能会相对于整个市场配置更少的权重到工业制造板块，或分配更多的权重给 BB 级债券。
- 控制投资组合的系统风险（就是板块的选择与权重分配）需要基金经理对各个板块的表现有着自己的判断。如果想要让投资组合跑赢市场指数，那么基金经理就需要给他认为表现强于市场的板块分配更多的权重，同时减少组合中他认为弱于市场的板块权重。对于基金经理来说，这是一项非常

重要的能力，而且对技术的要求也不高，因为在诸多板块中有足够多的证券可以作为调节权重的选择。

- 基金经理所需要掌握的最重要的能力就是通过对非系统性风险的控制来跑赢大盘。换句话说，就是基金经理在不改变该组合的系统风险的前提下对于单个证券的选择能力。比如说，某位基金经理想要降低工业板块的权重，但他同时依然可以持有该板块中的一些证券。挑选这些特定的工业板块债券会改变投资组合的非系统性风险，而不会影响系统性风险。另一个需要考虑的因素是，基金经理试图在获取期望回报的同时所愿意承受的风险和波动水平。
- 不同市场之间应当如何作比较？不同市场的指数可以用来对比市场间走势的相对强弱。其中一个最常用的指标就是两个不同指数在同一段时间内各自总收益的大小。这是因为所有市场的总收益算法是一样的：都是衡量在一段时期内价值的最终变化。

但是仅仅比较市场指数的总收益会带来一个重要问题：在考虑到其所承担的风险后，总收益之间又该如何在考虑到相对风险的情况下作比较呢？指数依然可以回答这个问题。一个简单的方法就是计算总收益的波动。例如，波动可以用指数的标准差来表示。正如表 9—3 所示，通过总收益除以该时期内的标准差，就可以计算出在每单位风险下获得的收益。当然，还有其他很多更复杂的衡量经风险调整过的收益的方法，但是这些方法本质上都是基于同样的概念。

我们还可以通过收益率和息差来比较市场间表现，但是不同指标在不同市场中往往会有不同的计算方法和概念，所以用这些指标来比较不同市场间的表现会十分困难。虽然有时候我们可以通过一些数学方法修正这些指标，但这往往是十分复杂、繁琐的工作。

表 9—3　　2003 年至 2012 年收益与波动率

市场	总收益	波动率	收益 / 风险
美国 5~7 年国库券	5.4%	5.2%	1.0
投资级债券	6.5%	6.7%	1.0
大盘股	7.3%	15.5%	0.5
中 / 小盘股	9.7%	21.5%	0.5
新兴市场	12.0%	10.0%	1.2
高收益债券	10.2%	10.6%	1.0
杠杆借贷	5.5%	7.9%	0.7

注：总收益是年化每月收益，波动率是年化过的每月收益的标准差。

计算方法

指数的各项指标（总收益、收益率、息差等）是衡量该指数所包含的全部证券表现的平均值，而我们最常用的取均值算法是按照公司市值在市场中所占的权重比例加权计算的。计算投资组合中的各项指标也是使用同样的方法，所以由于计算方法上的一致，投资者们可以用指数来作为衡量表现的基准。而市场权重的具体算法是用证券的数量乘以证券的票面价格，再除以指数的市场的总市值。

我们为什么要使用市场权重？假设你只持有两种不同仓位，而其中一个仓位的价值是另一个的 10 倍，那么大仓位对整个投资组合的收益影响也会是小仓位的 10 倍。市场权重正是将这点考虑在内的方法。

对于计算某只证券某天价格的各项指标（如收益率和息差），我们需要使用当天每只证券在市场中权重的加权平均，这也就是所谓的市场加权平均。例如，在计算某月市场指数的收益率时，就要计算每一只证券在月末最后一天的市场加权平均值。

总收益是衡量两个时间段之内收益大小的指标。它是指在两个时间点之间的一段时间内，投资组合价值的总变化，具体是指在这段时间内，价格的变化加上票息收益或者应计利息收益（因为企业债常常是包含应计利息交易的）。计算总收益的公式是：

$$\frac{(\text{期末价格}+\text{应计利息})-(\text{期初价格}+\text{应计利息})+\text{票息（如果有的话）}}{(\text{期初价格}+\text{应计利息})}$$

用市场权重计算指数的平均总收益时，一定要用这段时间开始时各证券的市场权重，而不是末期的市场权重。

为了便于理解，我们举一个例子。假设你要计算在这个月月末的市场指数总收益。你可以想象你在月初买入构成指数的所有证券，并在月末全部卖出（至于价格方面，我们一般指市场中买卖双方同一方的价格，一般是以买单价格为准，并且这里不计算交易费用）。那么总收益就是卖出证券时，价值的总变化外加应计利息和已收到的票息。成本就是买入时各个证券的市场价值。最后的总收益就是各个证券收益的初期成本加权平均。

在有些指标的计算中，是以证券的票面价值作为权重的加权平均，也就是用证券的票面价值除以指数中总票面价值作为权重。当组合中各个证券的投资回报对组合总投资回报的影响，与各个证券的价格变化价格是相互独立没有关联的时候，就需要用票面价值加权平均来计算各个指标。其中一个方法就是一个指数的平均价格：价格加权平均可以计算出购买指数中所有证券的平均价格。

票面价格加权的另一个用途就是用来比较和评估某些问题证券和整个市场指数之间的关系。问题证券可以从很多方面来定义，例如证券价格已经低于某个最低价格、最低收益率、最低息差，或是评级低于或等于问题债券评级（如CC级）。专攻问题证券投资的基金经理可能会在向客户介绍、展示一个问题债券投资组合的上升空间和潜在投资回报时，使用票面价值加权平均的方法来评估这个投资组合的潜在未来价值。当然，投资组合的收益依然是使用市值加权平均法来计算。

第三个例子是在计算违约率时，普遍会用到票面价值加权平均法。违约率是非投资级债券市场中的一个重要的指标。违约率是指违约证券的票面权重。之所以用面值加权是因为还有另一个指标，那就是违约损失率（default loss rate）。违约损失率是用违约率和违约的证券市值来计算的。

指数的各个指标都是按某种特定频率更新计算的。许多固定收益证券像股指一样是每日更新、公开的。但是在许多市场中，特别是在企业债市场，大多数证券的更新频率非常低。例如，在一个流动性很低的市场中，许多证券的价格每个月才更新一次。比如许多在结构性金融市场交易的债券，这些债券所组成指数的更新周期不会低于 1 个月。

构成指数的证券可以根据自身的特征分类，比如不同的行业或评级，投资者们可以像计算大盘指数那样计算这些分类组合的各种指标。像这样分析分类市场，就可以找到市场中的系统风险主要是由哪一部分的分类决定和带动的。例如，哪些行业板块相对于整个市场指数有着更高的收益率？大中型市值的证券的表现是否不如中小型市值的证券？ BB 级债券的息差变化与 CCC 级债券相比如何？这些问题都可以帮助我们解读市场的动态。

我们可以通过证券投资组合来比较板块与大盘指数之间的系统性风险。归因分析就运用了这个原理，将市场和投资组合之间各个板块的权重和收益进行对比，来分析投资组合的表现。归因分析将投资组合的系统性风险剥离来进行剖析。表 9—4 就是归因分析的一个例子。

根据这一方法，用市场系统性风险无法解释的超过市场回报的收益部分，就是出自于投资组合的非系统性风险。

在金融文献中，系统性风险被称为投资组合的 beta（ β ），而非系统性风险则被称为 alpha（ α ）。我们常常用这两个参数构成一个线性的方程，来表示投资组合的收益：

$$投资组合的收益 = \beta \times 指数的收益 + \alpha$$

根据这一定义，当一个指数被当做市场基准的时候，其 beta 为 1，alpha 为 0。

表 9—4　　归因分析案例：一般的高收益债指数 vs. 某管理投资组合

	指数		投资组合		指数 vs. 投资组合	
行业	**权重**	**收益率**	**权重**	**收益率**	**权重差**	**收益率差**
消费品	18.7%	1.1%	16.2%	1.0%	2.5%	0.1%
能源	19.2%	0.8%	14.9%	0.6%	4.3%	0.2%
工业	25.8%	1.0%	31.6%	1.2%	−5.8%	−0.2%
媒体 / 通信	15.5%	0.9%	13.7%	0.8%	1.8%	0.1%
服务业	20.8%	1.2%	23.6%	1.4%	−2.8%	−0.2%
评级						
BB	31.5%	0.8%	54.9%	1.4%	−23.4%	−0.6%
B	55.8%	1.1%	42.6%	0.8%	13.2%	0.3%
CCC	12.7%	1.3%	2.5%	0.3%	10.2%	1.0%
偿债优先级						
有抵押	24.1%	1.1%	16.7%	0.8%	7.4%	0.3%
无抵押	71.1%	1.2%	76.6%	1.3%	−5.5%	−0.1%
次级	4.8%	0.6%	6.7%	0.8%	−1.9%	−0.2%
发行总量						
低于 3 亿美元	11.6%	1.1%	3.2%	0.3%	8.4%	0.8%
3 亿到 5 亿美元	22.0%	1.2%	22.5%	1.2%	−0.5%	0.0%
大于 5 亿美元	66.4%	1.0%	74.3%	1.1%	−7.9%	−0.1%

10 建立指数

我们如何建立一套指数？指数是指在市场中按照特定标准衡量某种属性或风险动因（risk drivers）所筛选出的证券组合。所选证券既可以是从整个市场中选取而出的，也可以是某个能反映出投资需求的子集合，如高流动性证券、达到一定信用质量的证券，或含有像最低价格、最大收益率或最大息差等不同参数的证券。

首先，我们要确立所建立指数的目标。市场参与者是否希望通过指数来理解和检测整个市场的表现？或者只为了测量市场中某子集的表现，指数有着更严格的限制？在选择风险动因和目标时为我们提供了具体的环境标准。表 10—1 展示了企业债的一些常见目标。

表 10—1　企业债指数定义案例

目的	取样标准
整个市场	全部个体都被划入样本内，包括行业、评级、发行规模、资历等。对于有着大离差的行业来说，非系统性风险要求我们的样本中包含全部发行人
高流动性证券	发行规模大于某个数值以上才被列入样本中，比如大于平均发行票面价值。在它的子集中，全部个体都被划入样本内，包括行业、评级等。筛选通常由委员会、交易员或其他专家主观决策

（续表）

目的	取样标准
信用质量	所选样本仅限于一个或少数几个级别中，比如全部证券的评级必须高于 B 级。在低于投资级别的市场中，可以通过限制价格区间达到目的，比如全部证券必须在价格分布的某区域内
期限结构	根据久期或到期日的限制选择，比如到期日必须是在三年以内
资历	达到某担保级别才能被选择，如抵押债券

作为指数目标的一部分，我们需要一份其所在市场的明确定义。市场通常由性质不同的各类证券的买家和卖家组成。证券可以在交易所内或者场外交易。一些市场按照地缘定义，并包括以一种或多种货币计价的证券。表 10—2 包含了一些常见固定收益市场的定义。

表 10—2　一些固定收益市场

市场	定义
政府债券	美国长期国债
抵押贷款证券	住房抵押贷款债券和非机构房贷抵押证券，同时包括固定利率和浮动利率抵押
市政债券	长期免税债券，包括国债、地方一般责任债券和收益公债
投资级别债券	企业债在 BBB- 及以上评级的（视为包括不同评级机构的综合评级）
高收益债券	企业债在 BB+ 及以下评级的（视为包括不同评级机构的综合评级）
杠杆借贷	评级在 BB+ 及以下的可交易银行借贷。如果未标明利率，则融资应确保最低利金，比如 150 个基点

证券必须拥有可被市场参与者判断的透明特性。对于企业债而言，这包括票息（或交易保证金）、到期日以及其他便于计算指数的变量，如回报率、收益率和息差。对发行人可以根据行业或其他性质进行分类，比如信用评级或资产结构编列资历等。我曾在前文中提到，我们称这种分类为板块（一些市场参与者只把板块用以行业分类，但是我们更倾向于用这个词做更宽泛的分类）。

指数的风险动因讨论的是一个或者多个指数所测量的板块。在企业债中，行业、评级、发行规模和久期通常都是已确定的风险动因，但是也要因市场不同而异。

市场必须对其参与者建立一套能够对证券估值和定价的方法。在任何市场中的价格发现都需要资金的支持：证券价格只有在买卖双方成交的情况下才能知晓。交易所为价格发现和信息传递都制定了相关规定。然而大多数企业债工具却不在特定市场中交易。

由于大多数企业债和借贷都是场外交易，这些市场中的定价和信息传递都由已存的市场交易系统收集，或是由专门收集全部价格的商业数据供应商提供。在这些市场中，买价和卖价由交易员根据预期向客户报价。在流动性低、成交量小的市场中，这些价格被称作交易员报价（dealer marks）。这些价格代替了实际价格而为市场参与者和指数所用。

由交易员报价的证券价格的更新可能要比那些高流动性证券慢许多，是因为不是每天都对每笔报价进行更新。交易员直到这些低流动性的证券真正交易后，才会更新报价，包含这些证券的指数不会比直接报价来得更精确。换句话说，即使每日指数都会更新，如果指数中大权重采取交易员报价，那么每日报价结果则反映出的是早前的估值。

指数建立：选择标准

为指数选择标准时应基于一定规则，而该规则应该从一开始便制定，并且随后极少甚至不做修改。用这种方式，规则确立了证券选入和移除的条件、更新的频率以及具体更新日期。规则应该明确而具体，这样一来指数的组成便不需要通过主观判断来实现。这种按照规则建立的指数在市场中非常常见，它们可以按照少数市场参与者的标准而进行设计。表 10—3 展示了一些企业债和借贷的指数筛选规则。

表 10—3 企业债指数的筛选规则案例

市场	筛选规则
投资级别	美国注册发行人，美元计价发行 包括每个发行人每个期限中流动性最高的 BBB- 以上级别（综合各评级机构）的债券 发行规模至少达到 2.5 亿美元 距离到期日至少 1 年以上 不得赎回直至到期（非等额摊还债券） 固定利率以及递增票息（非浮动利率） 美国证券交易委员会注册，遵从第 144A 条例 发行或移除在月初进行
高收益	发达国家注册发行人，美元计价发行 BB+ 及以下级别（综合各评级机构）的债券，如果发行人用有两种以上的不同债务，则计算规模最大的两种债券 发行规模至少达到 1 亿美元 距离到期日至少 1 年以上 固定利率，递增票息、零票息以及实物支付债券均可（非浮动利率，不可转债） 美国证券交易委员会注册，遵从第 144A 条例 除非遇到破产等紧急情况，否则违约也保留在指数内 第一个交易日增发债务 如果从投资级别降级，则从下个月第一个交易日起记 赎回、收购或紧急破产等情况发生时移除
杠杆借贷	发达国家注册发行人，美元计价借贷 BB+ 及以下级别（综合各评级机构）的债券 发行规模至少达到 5 000 万美元 距离到期日至少 1 年以上 浮动利率可以使用 LIBOR 下限利率 除非遇到破产等紧急情况，否则违约也保留在指数内 第一个交易日增发债务 无法偿清贷款余额或紧急破产等情况发生时移除

广义指数要求市场中每个发行人发行了至少一种债券。其中，每一笔发行都要大于某个规模，比如面值至少大于 1 亿美元才可以被选入其中。规模过于小的发行会导致流动性过低，所以它们的定价频率无法达到像其他发行债一样频繁。我们也可以通过选择每个发行人旗下流动性最好的证券或达到某一评级的证券，以缩小选择范围。广义指数能深层次观察市场的表现，可以对持有任何市场证券、任何时间长度的投资组合起到检验标准的作用。

再举一个缩小范围的广义指数的例子。该指数可以只涵盖某一信用评级的债券，比如市场中的 BB- 级别证券。这样的指数适用于那些只投资特定债证券的投资人。

还有一种构建指数的办法是由市场参与者所组织的委员会构建而成。在构建的过程中，委员会可以使用一些规定来定义指数的构建目的。但是该标准的一部分将由主观判断或无法通过固定规则衡量的因素来决定。市场参与者将主观判断哪些证券应该选入或被移除。委员会将建立一套做出评审决策的规则，比如投票选举过程和备选条件。此外，委员会还会确立更新、修改指数的日期和频率。由于指数的筛选标准主观而特别，这种指数通常只能测量整个市场的一个子集。

比如，委员会可以要求把市场中交易最活跃的证券聚合在一起组成指数，交易员们就可以用该指数的收益来比较自己的交易成绩了。它也可以作为某活跃的投资组合的参照基准，因为该组合中大多数甚至全部证券都是交易活跃度高的证券。

无论使用哪种方法，筛选标准都应为满足某种投资风格而设计，这样一来，指数才可以作为该投资风格的参照基准。 例如，某只包含近期到期的债券的指数可以作为拥有相似的短期将到期基金的投资标准。

指数建立：要求

无论使用了哪种选择过程，指数都应该反映出一定的要求。

指数应该反映出的是中性、无偏见的投资。它的意思是所选择的证券应该包含该选择标准中的全部系统性风险和非系统性风险。在实战中，每个指数都因筛选标准而出现偏好。中性的意思就是标准对于市场中的全部证券都公平适用，这样一来所得出的结果将不会隐含着偏差。作为案例，最活跃的证券指数应该由大多数经纪公司决定，而不是仅由一两个证券交易参与者说了算。表 10—4 比较了两个高收益市场指数，其中一个包含了市场中每一笔可见债券，我们称之为“全发行指数”（All Issues Index）；另外一个只包含流动性最高的债券，我们称之为“高流动指数”（Liquid Index）。

表 10—4　　比较两个高收益市场指数

2013 年 6 月			
	市场权重		差值
行业	**全发行指数**	**高流动指数**	**全发行指数与高流动指数之差**
消费	17%	11%	6%
能源	17%	19%	–2%
工业	26%	25%	1%
媒体 / 通信	18%	22%	–4%
服务	22%	23%	–1%
评级	**全发行指数**	**高流动指数**	**全发行指数与高流动指数之差**
BB	38%	37%	1%
B	51%	52%	–1%
CCC	11%	11%	0%
编列	**全发行指数**	**高流动指数**	**全发行指数与高流动指数之差**
担保	21%	27%	–6%
无担保	74%	68%	6%
次级	5%	5%	0%
久期	**全发行指数**	**高流动指数**	**全发行指数与高流动指数之差**
低于 4 年	58%	48%	10%
4-7 年	32%	43%	–11%
7-10 年	7%	8%	–1%
高于 10 年	3%	1%	2%

注：全发行指数包含了高收益市场中的全部发行债券，高流动指数只包含那些流动性最强、交易最活跃的债券。

指数中每笔债券都要根据指数所试图衡量的风险动因而被分入不同的类别。比如说，企业债可以按照行业、评级和编列分类。每种编列必须要纳入指数所使用的板块中，这样才能在板块计算中将其计算在内。值得注意的是，如果使用指数分析投资组合归因；那么投资组合内的证券必须要归类为同一个板块，因为投资组合的归因分析比较的是同板块的指数。表 10—5 展示了企业债指数中所使用的典型板块样例。

表 10—5　　企业债指数中的典型板块

行业	评级	票息支付种类
航空	AAA	现金支付
汽车	AA	无票息
化工	A	实物支付
消费品	BBB	
国防	BB	**编列**
能源	B	担保（第一留置权）
金融	CCC	担保（第二留置权）
食品	CC	无担保
游戏	违约	次级
保健		
工业	**地区**	**到期日**
媒体	美国	低于 4 年
包装	加拿大	4~7 年
造纸	西欧	7~10 年
房地产	其他发达国家	10~30 年
零售	亚洲	大于 30 年
服务	中 / 东欧	

（续表）

行业	地区	融资目的
钢铁	拉丁美洲	一般法人
科技	其他发展中国家	常见企业再融资
通信		收购其他企业
交通运输		购置股权
公用事业		

因此，对证券分类之前，我们必须要获取足够信息才能确保其合理顺利进行。虽然这看似是一个基本要求，但是在一些市场中，许多证券的信息透明度并不高。例如，在杠杆借贷市场中，新债所公开的信息只是表面的一部分，比如票面价值（借款金额）或是票息（对于借贷来说，则是高于 LIBOR 利率的支付部分）。由于可获取的信息实在太少，这样的证券不适合纳入在杠杆借贷指数中。

有时，指数会因为某个新属性而把一整个板块纳入其中。杠杆借贷市场的 LIBOR 利率下限就是一个例子。从 2008 年起，许多新借贷都根据这个特征来决定票息。如果当前 LIBOR 低于 LIBOR 利率下限，那么我们便使用利率下限代替，票息也随之在下限基础上增加计算得来。借贷市场指数需要对指数中每笔借贷都添加利率下限的性质，“有下限”和“无下限”则变成了计算指数结果的新分类方法。

在理想的情况下，增加分类不仅仅意味着在未来进行计算，也意味着从指数的角度与历史性质做出对比。这便为我们增加了一项新的挑战：把曾经囊括入指数的全部证券都重新进行分类。

有资格进入指数的证券必须要有明确的价格。虽然这看起来不算什么要求，但是在制作和计算指数时，我们经常在获取价格数据方面遇到麻烦。许多固定收益市场中的证券可以做到每日更新一次价格数据，那么基于这种市场的指数便可以得到每日计算。

然而，一些市场中的证券流动性很差，甚至大多数证券可能极少被交易。计算这类市场的指数虽然也是可行的，但是在决策指数更新频率时，我们必须要考虑获取价格的实际情况。比如说，某市场中大多数证券的价格只是每月才更新一次，那么这些证券的指数就无法提供按月更新的结果。如果市场大体上具备每日更新的流动性，但是少数证券的价格数据无法稳定地按日更新，那么这些证券可能会因价格的原因被指数剔除，无论证券是否满足指数的条件。

对于企业债指数而言，尽管每一只证券都会日更数据，但是月底最后的结果对于市场参与者来说才是最重要的。当用指数来理解市场表现，或比较不同市场间的表现时，月度指数显得尤为重要，因为一个月是在资本市场中衡量表现最常见的尺度。此外，当投资者衡量投资组合月度绩效表现时，他们还使用固定收益指数作为衡量标准。

指数取样必须覆盖面足够广，以达到同时满足该板块和整个行业的统计学显著效果。如果一个板块只有寥寥几只债券，或是债券在指数中所占权重过低，那么我们所测量的只是这些债券的非系统性风险，而不是市场的系统性风险。当通过板块来检验指数结果时，除了检查像总收益、收益率或息差这样的结果外，得知板块所占的权重也十分重要。 如果某板块的市场权重很低，比如仅仅占据个位数的百分率，那么我们应该理解这个结果很有可能失真。

比如说，高收益债券市场中只有几只到期日长于 20 年的证券，所占市值不到整个市场的 1%。这些债券大部分可能是从原来投资级别债券降级至高收益债券的“堕落天使”。比较来看，投资级别市场中有许多到期日长于 20 年的证券。高收益和投资级别指数板块中的共同点是距离到期日的时间。如果某个分类的债券距离到期日在 20 年以上，该板块则包含许多投资级别指数中的债券，而高收益债券则很少。在高收益指数中套用同样的结论却会对我们产生误导，因为在指数中它们只占很小一部分的权重。在高收益指数中，板块衡量了非系统性风险。表 10—6 展示了杠杆借贷市场中的样例，其中第三留置权和价格低于 60 的借贷非常少。

表 10—6　　杠杆借贷指数中小权重板块样例

编列	权重	数量
第一留置权	94.8%	1 184
第二留置权	5.0%	150
第三留置权	0.2%	3
价格区间	**权重**	**数量**
100 以上	48.7%	647
90~100	45.6%	624
80~90	1.7%	21
60~80	3.7%	40
60 以下	0.3%	5

11

企业债券指数的其他问题

新发行债券的影响

新发行的债券到底应该是在开始交易当日就被纳入指数，还是应该被“雪藏”一段时间，或是应该在下一个指数计算周期到来后才在第一个月就纳入指数？在很多投资级债券指数的计算中，新发行的债券往往是被“雪藏”直到第一个完整交易月的开始，这就解决了如果有新债券在月中发行时重新计算指数的问题。这样一来，市场参与者们就可以保证每个月都能参考到稳定的指数了。

但是在高收益债券市场和杠杆借贷市场中，新发行证券在交易开始的第一天就会被计入指数。这一机制事实上也是吸引投资者愿意参与投资这个市场的因素之一。当然，新发行证券引起的指数价格跳跃行情不会在每个新证券发行时都出现，不过这种跳跃还是相当常见的，而且也在一定程度上拉动了投资需求。基金经理为了获得新发行债券带来的指数跳跃，会对新证券积极建仓，因为他们希望该指数收益能在当月结算时体现出来。由于这种收益属于非系统性风险产生的，可以增加基金经理的阿尔法，而阿尔法正是基金经理在收取管理费时的一个重要参考标准。

高收益债券和杠杆借贷市场指数也能捕捉这种风险。虽然在市场中不是所有的指数都会在证券刚开始交易时就将其计入指数，但是仍然有很多指数具备了这种特点。如果新证券在下个交易月月初才计入指数，那么指数的总收益相对于实际市场总收益会有延迟。

违约

违约证券是否应该被纳入非投资级债券的市场指数？就像新发行证券那样，违约证券也会被某些基金持有，市场指数应该将这些债券的风险因素纳入其中。但是把违约证券计入指数会影响指数的计算方法。根据常规的定义，违约证券不会支付利息，因此基于票息现金流定价的指标便无法再继续使用了。这些方法包括收益率、息差、久期，以及在总回报中票息所占据的比例。

如果违约证券在违约后依然留在指数中，那么基于现金流（收益率、息差等）计算的平均指标将不再有效。当计算指数的这些指标时，就要将违约证券排除在指数外。这意味着在计算市值权重时，指数必须拥有一个只包含未违约证券的子集合，我们必须用该子集合来进行权重的计算。

而在计算总收益时，所有的证券都应该被包含在内，这也包括违约证券。但是由于违约证券没有票面利率，所以在违约后要想计算总收益，只需计算证券的价格变化。

我们还可以从另外一方面对违约证券进行调整。在违约证券真正违约之前会累计一定的应计利息，而这些应计利息在证券违约前一直被计算在收益内。然而当违约发生时，原本被包含在收益内的应计利息就应该被扣除。从效果上看，这会在当月该违约债券的总收益中产生一个负票息收益。

在很多情况下，违约证券是以深度折价进行交易的，所以它们在市场中所占市值权重相对较低。正是出于这个原因，这些负票息收益对整个指数收益的影响甚小，甚至可以认为这些负收益可以被忽略。但是由于在一个投资组合中，如果有正在持有的证券发生了违约，那么基金经理必须对投资组合的资产净值做出相应的修正，比如减去收不到的应计利息。这样的做法是合理的，因为市场指数也做出相同的调整。此外，当市场处于违约高峰时期时，这些违约证券的应计票息总和可能非常可观。因此在这样的时期，这种修正可以对整个指数产生巨大影响。

发行规模

是不是市场中所有的发行证券都应该被纳入一个广义指数中？在一个信息透明、流动性良好的市场中，全部证券都被纳入指数中确实是有可能发生的。这样的指数结构会导致指数出现明显的偏斜，尤其是当以板块的权重和表现来构建时。如果市场中有少数市值特别大的证券，这些证券会给整个市场指数和他们所在的板块指数造成巨大的非系统性影响。

我们举一个通用汽车公司的例子。2005 年，通用汽车在被评级机构降级后，成为了市值超过 800 亿美元市值的高收益信用级别债券发行公司。通用汽车和福特在账目上都有很多债务工具，但是这些债务工具的条款十分类似于高收益债券指数，这其中也包括了非可转债。在当时，通用和福特的债券总市值超过了整个高收益债市场总市值的 12%。而在汽车板块中，这两家公司的债券市值则占据了整个板块市值的 80% 以上。

在上面这个案例中，当高收益债券市场的指数囊括了全部证券，那么通用和福特这两家公司便对指数产生严重的不协调影响，它们在市场总计 1 000 多家公司中占据了超过 12% 的总份额。而对于只有 50 多家债务发行公司的汽车板块而言，这两家公司将对整个板块产生 80% 以上的影响。换句话说，整个汽车板块基本上只反映出这两家公司的非系统性风险，而这种权重高度集中的情况违反了许多资产高度分散的基金的原则。

针对这种问题，一个解决方向就是限制这些大市值发行公司在指数中所占的权重，这可以通过很多方法来实现。

其中一个方法是为指数的权重设定一个上限。例如，如果你设定了 2% 的上限，那么在市场中任何市值占比大于 2% 的证券在计算中都会按照比例相应减少面值，直至使修正后的市值等于 2% 为止。而其他比重低于 2% 的证券则在计算中按照比例的增加市值，以保持整个市场总市值不变。当市场指数被用于当做投资组合收益的参考基准时，这个方法便显得特别合理。因为在大多数高度分散的投资组合中，各种资产的投资比例一般不会超过整个组合总价值的 2%。在上述通用和福特的案例中，如果我们使用这种方法调整后得到的指数，那么福特和通用所占的比例不会超过 4%，而不是原来的 12%。根据当时汽车板块的总市值，调整后通用和福特将共计占据板块市值的 25%，而不再是 80%。

另外一个限制权重的方法是在计算指数时限制每个发行商纳入指数的证券数量。这个方法并没在证券发行人的市值上设定一个绝对上限，也不需要修正证券本身的面值。例如，一个指数在进行计算时，可以只囊括某个发行公司所发行的证券中市值最大的两只，或者在每个偿债优先级中只各取一只证券计入指数。这种方法仍会引起每个发行人的非系统性风险，但也能反映其真实的票面价值。

当我们在计算指数时，只囊括每个发行公司旗下市值最大的两只证券，那么在刚才的案例中，通用和福特的总权重就会变成在整个市场中占据超过 3%，而在汽车板块中占据总市值的 50%。

通用和福特的这个案例告诉我们，任何计算指数的方式都会有自身缺陷。没有哪种计算方法所测量的风险可以与所有投资策略承受的风险结构相一致。在最理想的情况下，指数也只能适合市场中的少数投资策略。

高流动性指数

什么是高流动性指数？它是如何应用的？一些市场同时混杂着流动性高的和流动性低的证券。高流动性指数的筛选原则明确了这些指数只能囊括那些流动性最高、交易最频繁的证券。这种指数通常是由某个交易委员会构建的，这个委员会主要由市场中各大主要经纪公司的交易员组成。委员会只有在经过广泛讨论后，才可以决定哪些证券属于高流动性证券。该指数会定期更新，通常是每年几次，因为有些证券在一年中的某段时间内交易会非常频繁，但在其他时间交易频率会显著下降。与此同时，某些其他证券的交易开始变得更加频繁。

对于依靠在高流动性市场中频繁的交易以取得获利的基金经理来说，这种高流动性指数就是一个非常有用的工具，有一些交易员希望与流动性最高的指数比较自己交易账户上的收益。此外，高流动性指数还可以帮助投资者洞察市场中高流动性证券的变化，以把握市场的发展方向。

然而，持有低流动性债券的一个好处就是低流动性证券有着“流动性溢价”（liquidity premium）。由于低流动性证券相较于高流动性证券交易成本更高，这意味着当其他条件相同时，低流动性证券比高流动性证券的交易价格更低、点差更大。许多基金经理至少买入一些低流动性证券的原因就是获取流动性溢价。高流动性指数中不包含这些低流动性证券，因此它也不会反映出这些证券的任何市场信息。

可投资的指数

指数可以像一个金融产品那样买卖吗？有些投资者想要投资整个大盘，那么一个囊括整个市场中证券的广义指数对这些投资者来说就是一个极有吸引力的投资标的。投资指数不仅仅意味着在市场中保持相对中立，投资者还可以在投资指数时享受较低的交易费用，因为我们无需为基金经理和分析团队支付费用。最后，当投资者想撤出投资时，也不需要受到各种限制流动性的条款制约。

这类投资者通常不想在市场中直接购买所有的证券。反之，经纪公司会设计出一个跟踪指数投资回报的投资标的，这样投资者只需购买一个标的就可以获得整个指数的收益。

在实际情况中，把指数构建成一个金融产品依靠的是指数中标的证券的流动性。指数产品结构中的证券必须密切追踪指数的表现，但是这不代表指数中所有的债券都能有足够的数量以供购买来精确地模拟指数。对于这个问题，高流动性指数就是一个很好的解决方法。为了组建整个指数，高流动性指数所包含的债券要远比其他债券更容易被购买。

在市场波动性高的时期，指数产品的买卖双方可能会出现供求失衡。那么构建这个指数产品的经纪公司就会在交易中暴露风险：在市场下跌时，可能没有投资者愿意购买经纪公司的指数产品，而经纪公司为了构建这些指数产品所购买的指数标的债券就会导致经纪公司的账户上承受价格下跌的损失。因此出售这种指数产品的经纪公司在向投资者收取费用时，也需要把这种风险考虑其中，他们有时甚至会将管理费用提高到主动管理基金的费用水平。

对于这一问题，我们可以通过 ETF、总收益互换（total return swaps）、信用违约互换（CDS）和其他一些金融衍生协议来解决，具体细节我们会在本书后面的部分中做相应介绍。

指数与投资组合

当一个投资组合经理将他的权重分配和收益表现与指数相比时，他就会发现两者之间存在着很多的不同，其中大部分我们都已经在前文中粗略地介绍过了。

- 指数包含的证券种类要比投资组合多；
- 投资组合肯定会选择忽略或减少某些板块的资产分配比例，如博彩业和违约证券；
- 指数（只要不是高流动性指数）不需要担心所囊括证券的流动性，而投资组合必须考虑到证券的流动性；
- 指数不需要考虑交易成本，也不需要像投资组合那样考虑在买卖时对市场价格造成的影响。

结语

指数是所有证券市场中的投资者在进行分析时最为广泛应用的工具之一，在企业债市场中亦然。但是企业债市场与其他一些市场的区别在于，市场中没有一个能像股票市场中的标普 500 指数或日经 100 指数那样主导和垄断整个市场的指数。

在企业债市场中，基本上所有被投资者广泛应用的指数都是由投资银行运营的。你必须对这些证券成分指数的选择规则以及对指数的运营政策有深刻的认识，这样你才能了解各个指数的区别、优点以及缺点。这些指数作为市场基准，将会成为你对市场的宏观分析和对投资组合交易进行微观分析的核心要素。

请记住，指数与综合数据库之间是有显著区别的，并且两者因不同的实用目的而存在。如果你要获得高质量的市场分析，那么这两者都要被用到。指数是提供不同市场之间相对表现和组成情况的度量工具，而数据库则包含了整个市场中的全部证券信息，包括价格和各类数据分析。比如说，当你要为你的投资组合挑选证券和发行人时，数据库在进行扫描时就会显得十分有帮助。与指数不同的是，数据库不能良好地反映出市场状况。数据库中的一些证券可能不具有代表性，一些证券在市场中的定价可能不够准确，或者还有一些证券相较于证券成分指数而言不能严格地保持证券的结构和特征的稳定。

第五部分

宏观市场数据分析

罗伯特·克里切夫

这一部分主要介绍了如何运用数据分析工具建立宏观投资理论，并据此挑选出符合理论的具体投资。首先，这部分讲解了如何预测在特定的经济金融条件下某资产类别价格所出现的反应和变化。这类分析通常是通过对历史数据进行分析完成的。

这种分析主要研究的是资产回报、相对价值的变化及历史价格的关系，该分析通常会研究不同板块在不同经济周期中所产生的变化。例如，某资产在经济上升周期、受石油价格冲击或者利率上调等情况发生时会如何反应。

在分析过不同环境下的资产变化后，我们需要深入分析该资产并观察其所在板块在不同市场环境下的表现。举个例子，你想得知高收益债券哪些板块在经济萧条时表现最好，我们可以根据信用评级、票息或行业等方面来划分。

一旦确定了在某特定经济环境下寻找最佳板块的投资理论，那么随后便需要运用技术分析去挑选出最值得投资的债券。

总体说来，本部分剖析了数据分析的三个层面：首先，对资产类别进行宏观比较；其次，对特定资产的子板块进行分析；最后，在特定板块中进行证券挑选。

12 自上而下分析

市场比较——回报

比较不同资产类别间的回报是跨市场分析的常见方法，我们通常使用一个特定时间段内的总收益来作比较。

既然我们根据时间段判断回报，我们就应该注意周期的特性——或许应该重点关注不同类别的资产是如何根据特定经济周期作出反应。

对于不同类型的终端用户而言，这种比较是十分具有价值的。在不同资产类别中进行投资的投资人和资产分配师希望利用这种信息，来比较不同资产类别回报之间的关系，然后再做出投资决策。此外拥有单一资产类别的资产经历或交易主管也希望通过分析这样的信息来判断手中资产的资金流入和流出状况。比如你是一名专注于投资级别债券的交易员，你会观察到高收益债券市场的上涨速度要比投资级别债券更快。你会问自己："这是否意味着信用风险的降低，同时资金开始流入高风险资产类别？高收益债券是否会相对更吸引投资者？那么我所关注的市场会不会出现资金流失的情况？"这些观察结果会引领你进行深入地分析，然后再判断自己在不同类别和风险级别资产中的仓位情况。

美元投资者或许比较的是以下典型的资产类别：

- 美国 10 年期国债；
- 美国投资级别债券指数；
- 美国高收益债券指数；
- 美国高收益借贷指数；
- 美国新兴市场债务指数；
- 资产抵押证券指数；
- 道琼斯工业指数；
- 标普 500 股票指数。

波动率

投资者往往懂得不同级别的回报与不同级别的风险息息相关。因此当你在分析不同资产类别时，你也一定想分析它们的相关风险。这些风险通常以回报波动率的形式被评估，我们使用回报率的标准差来衡量波动率。该数值经常被夏普比率调用，我们在先前的第 4 章中曾经讲过，它测量了单位风险的回报。

不同投资者对波动率的忍耐能力不同，他们将投身于不同的资产类别或子类别中，因此他们将使用夏普比率来比较不同的选择之间的差异。设计夏普比率最初是用于权益市场中，但如今它也被广泛地应用在债券市场中。相比于权益，固定收益和债务结构到期日决定了这类资产相对于股票具有波动率较低的特性。

相关性

不同市场间回报率的相关性对于决策资金分配至关重要。我们用字母 r 表示不同资产类别回报之间的相关性，这可以让投资者直观地看到自己多元化投资的情况。举例来说，假设某投资者把资金分散到两个不同的市场以求多元化，如果在经过长时间、多周期的观察后发现两个市场间回报的相关性非常高，那么该投资者可能会发现，事实上他这样做并不能如想象中那样有效地把资产进行多元化配置。

基金经理可能会对某经济周期资产之间相关性的上涨和下跌感兴趣。投资者也许会看到在利率降低时期全部固定收益类别资产间的相关性，这会影响他们在这类周期中把多资产资金并合到同一个资产中。

除了找到能给投资者市场行情建议性的相关性指标外，你还想找到回报率之间的先行相关性和滞后相关性。投资者们在信用违约掉期指数（CDS Indexes 或 iTRAXX）中经常使用，关于这一点我们会在随后的第 18 章中进行具体讨论，这些先行相关性和滞后相关性会帮助你看清资产价格变动的顺序关系。如果相关性很强，投资者可以用这个指标把资产从一处转移到另一处。比如说，小市值股票回报率的下跌是否意味着高收益债券也将下跌?

图表可以直观地帮助我们判断不同资产类别表现之间的关系。图 12—1 和图 12—2 展示了两个不同市场的回报率的关系。其中图 12—1 讨论的是月度回报率数据；而图 12—2 通过同样的数据展示了在一段时间内每投资 1 美元的回报，从图 12—2 中，我们能看到回报率的显著差异。

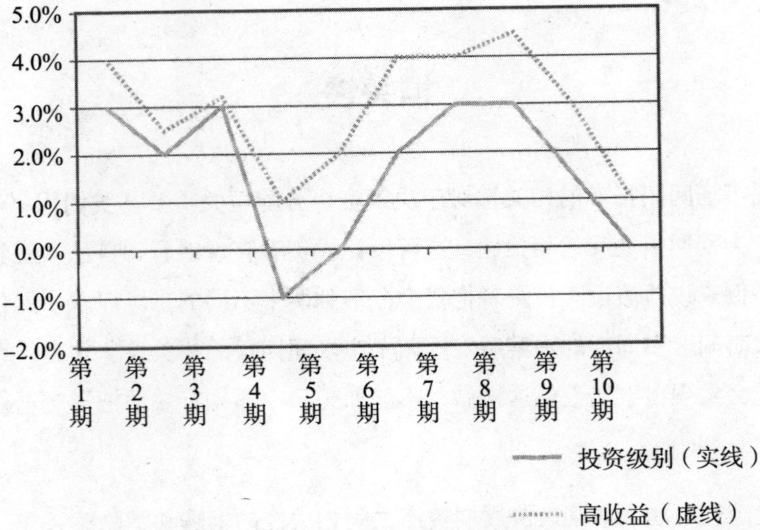

图 12—1　两组资产的周期回报率

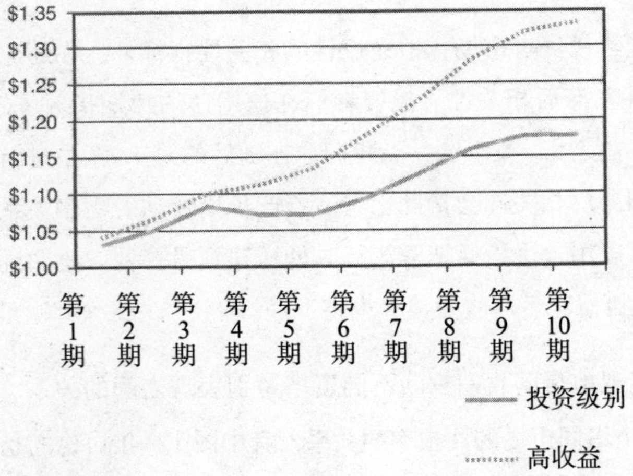

图 12—2　两组资产每 1 美元投资的回报

图 12—1 及图 12—2 中的分析主要关注的是总收益，这其中包含了利率和资本盈亏。我们也可以在剥离回报因素的情况下观察资本自身的波动。在比较固定收益产品时，我们应该考虑票面价值和利率；在比较股票的收益时，我们有时也

应该注意分红。固定收益市场中的票面价值的变化会极大程度地影响波动率。当在不同市场间或板块间作比较，同时观察票面价值与总收益之间的关系时，我们可以看出票息和票面价值的变化各自对回报的影响，以及票息对波动率的修正作用。比如说，如果某个市场的平均到期日为 10 年，10% 票息，在那一年中大盘平均下跌了 5% 至票面价值为 95，这消除了票息一半的收益，而且事实上它跑输了市场中从 100 降至 99 所下跌的 1% 平均 10 年到期日 7% 的票息。我们默认两个市场都是用着同样的汇率，在这种情况下，这一年中两个市场间价格变化的主要原因并不是利率变化，而是由于对风险的认知。

市场间比较——相对价值

在观察不同固定收益市场时，你不仅需要比较总收益，你还需要比较如平均收益率、平均息差、久期等债券数据。

收益率和息差通常用以比较不同市场或子板块间的相对价值。例如，比较不同市场在一段时期内的收益率，可以看出新兴市场的企业债与美国高收益企业债在过去的几年中差距已经达到了最小值，这意味着这段趋势可能要反转，差值要开始不断变大。如果你是个能同时在两个资产类别中投资的投资者，那么你很有可能想把资金移出新兴市场，并转而投向美国高收益债券市场。或者你相信价差的收窄是长期必然出现的趋势，你可能想找出两种资产类别的风险和波动率的变化是否已经足够确保价差在接下来一段时间里变得越来越窄。

离差

虽然息差和收益率的离差并不像前文中其他概念那样经常为人所用，但却很可能由此观测到透彻的结论。你可以观测不同市场之间在一段时期内收益率和息差的离差，收益率和息差的离差可以指示市场如何因信用质量表现出不同的性质。如果我们在一段时间内看到离差的变化非常有限，这表明市场并没像其他周期那样为投资者承担的风险给予合理的回报（也可以说风险度降低），说明投资者此时应该把资金转移到更高质量的市场中，或者转移到其他离差更大的固定收益市场中。

久期

在第 4 章中我们曾讨论过，久期能有效衡量债券价格与利率变换关系的敏感度，也能很好地测量潜在波动率，你通过比较不同资产类别的平均久期可以直观地观测到希望投身于哪种随利率变化的市场。值得注意的是，久期主要依据的是最差收益率，假设债券以溢价交易，并且赎回日提前，如果价格下跌的幅度足够大，那么它可能会延长该日期，久期也会随之增大，经期权调整过的久期则试图抓住这些嵌入式买入期权所带来的影响。

如果只看通常情况下久期与利率的变化，我们得不出什么太有价值的结论。但是如果一个市场、一个板块或某只债券由于信用质量变化导致价格出现巨变，那么它可以有效地帮助其重新进行定价。此外，如果两个板块同时提高了同等程度的信用质量，那么久期长的那个板块的价格变化将会更剧烈些，就像经济中的利率结构出现变化那样。

关于使用历史数据的其他建议

对于企业债分析而言，一些自上而下分析的方法对于很多市场参与者来说都是很有价值的工具，但是你也可能因此陷入某些陷阱中。最值得注意的是，分析工作虽然与历史数据有一定关联，但是历史数据却无法合理地反映出当下市场的状况。

从长期角度看来，债券市场的内部构造是处于变化之中的。由于债券有到期日结构，它的变化通常要比股票市场更频繁一些。市场构造变化可以在杠杆和新兴债券市场中形成，因为在这些市场中发行债券的公司很有可能面对某些巨大变化，尤其是在这些市场本来就比投资级别的市场更有活力的事实情况下。

如果忽略了已知资产类别或子资产类别已经出现变化的事实，那么你可能会被数据误导。比如在高收益市场中，你想考察 1994 年至 2004 年高票息债券随利率增加所产生的变化。为了对此作出分析，也许你想观察整个行业或整个经济体发生了什么,但是一个重要问题是高票息债券的结构在这 10 年中出现了巨大变化。在 1994 年，高票息债券中包含着很高比例的延迟付息债券（零息、固息和实物支付债券），这些债券波动率很高、资产结构不成熟，还有比高票息现金支付债券更长的久期。然而在 2004 年，这类债券在高票息债券中的比例却大大减少。因此，你可以得出结论：由于发行环境的改变，2004 年高票息债券的风险要低于 1994 年（起码结构和波动率支持该结论）。

关于权重的其他建议

当你在比较不同资产类别的数据时，你所使用的也是来自于不同指数的数据，比如标普 500 指数或瑞士信贷美国高收益指数。我们一定要知道不同指数之间结构的区别，其中最该注意的便是权重的使用方法。

大多数指数数据是按照市场权重计算的。这意味着如果比较美国高收益债券市场指数收益率和美国新兴市场指数收益率，那么指数中每只债券的收益率的发行量也应该在计算中考虑，这样 10 亿美元发行量债券的收益率才能比 5 亿美元发行量债券的收益率影响更大。此外，如果使用了市值权重，那么我们就应该用发行规模乘以它最近的价格（大家通常都是这样做的）。应该意识到，当你在观测市场或某子板块时，这种方法显然产生了一定的偏向性，某个价格上涨的板块也随之影响着整个市场的表现。

很多统计数据并不是按照市值计算权重的，而有一部分数据是按照市值计算权重得来的，比如比较新兴市场指数和美国高收益债券指数。某家指数提供商可能依据市值权重向你提供回报、收益率、息差和久期等数据，但是当你需要平均票息或平均到期日数据时，这便不是市值权重，而是算术平均数将对你的结论产生重大影响。

13 市场分析

在第 12 章中所介绍的那些用来比较资产类别之间关系的工具，也都可以用来分析特定资产类别的趋势和相对价值关系。我们可以从多角度将某个资产类别分成很多板块，这样一来便可以分析出市场中哪个板块在驱动市场的收益变化，或哪个板块在驱动市场的波动性。此外，我们还可以分析出市场中哪里存在对相对价值的错误定价。这些分析可以帮助投资者形成自身独特的投资方向和投资策略，并且正确把握市场中正在发生的趋势。假如你在市场中所扮演的角色更加偏向于投资银行业务或资本市场业务，这些分析可以帮助你发现和开发出可能会受市场欢迎的交易方式。

在不同时期之间对总收益作出比较，我们可以从中看出在各种不同的经济和市场环境下，市场中哪个部分会带动整个市场的收益，或者哪个板块的表现强于市场，而哪个板块的表现又弱于市场。

一些典型的分析内容如下：

- 分析回报的波动性，使用标准差来衡量；
- 通过分析收益率和息差，比较不同市场层级之间的相对价值；
- 分析各市场层级之间的回报相关性；

• 比对市场中各层级之间久期的不同。

以上几点在分析市场各个板块之间的关系时用来作比对和分析。接下来将介绍一些在剖析各种企业债市场时几种典型的市场划分方式。

按照风险划分

目前存在着两种典型的按照风险水平划分市场的方式：一是按照市场中不同的评级来划分层级；二是按照偿债优先级来划分。

债券的信用评级常常被作为债券市场中债券信用质量的参照。虽然信用评级存在着很多缺点，但是它很适合在市场中给各个债券提供一个总体的评价。所以，当我们需要区分市场中不同信用质量的债券时，用信用评级来作为划分市场的参照也属合情合理。例如，按照信用评级可划分为 BB/Ba、BB/B、B/B、B/Caa、CCC/Caa 等。

我们可以分析它们的回报率、波动性和相对价值关系。此外，还可以通过考察不同类别信用评级债券所占市场的比重，来把握其对市场产生的影响力。

当高风险、低评级的债券类别表现优于低风险类别的时候，表明市场中的投资者愿意对自己的投资承担更多的风险。当两个不同类别的交易价格越来越接近，甚至低于历史平均差值时，也可能暗示着低评级类别的风险没有得到足够的收益偿付。

如果你分析长期内各个信用评级回报的相关系数，就会发现信用评级越高的债券，其回报率与国债利率的相关性就越大。因此，我们会进一步思考该如何去应对对冲国债利率波动的风险，或者甚至直接避开投资这些高信用评级债券，转而把投资重心移向信用评级更低的债券，以使这种风险最小化。但是，千万不要忽略的一点是，虽然这样做也许可以降低利率风险，但是这种策略也会增加需要承受的信用风险。

根据偿债优先级来划分市场是另一种比对风险的方式。当债券的偿债优先级更高时,例如当优先担保债券走势强劲时,通常我们可以理解为市场正在回避风险。反之亦然。

类似的趋势也可以通过比较市场中不同信用评级债券的息差和收益率来监测。

但是我们必须记住的是，信用评级机制有时候充满陷阱。在债券条款的注释中常常会存在着一些细节，这使得各个编列的偿付规则在不同情况下会发生微妙的变化，并且证券化条款中所有的细节都包含了许多更加细微的信息，理解各种细节和条款结构是确保正确地解释编列分析的关键。

自定义板块

尽管我们默认按照风险划分类别，不过依然可以创造另一种市场类别的划分方式，用以体现回报表现和相对价值的不同。自定义板块可以从任意角度来研究市场。在接下来的内容中，我们会讨论一些常见的自定义板块，并通过它们来发掘市场中正在演变的趋势。

构建出一个到期日板块十分容易。让我们先看看高收益债券市场。在这个市场中，很少有到期日超过 10 年的股票，可以将这个市场细分成到期日分别为 0~2 年、2~4 年、4~6 年、6~8 年、8~10 年以及 10 年以上几个板块。随后可以开始搜集各个板块的数据，包括回报率、平均价格、收益率、息差、市场权重、总收益、波动率以及相对价值关系等，再把这些数据指标放在不同的时间周期中进行比对。其他典型的板块划分方式还有按照久期、按照息票利率以及按照均价划分。

必须牢记的是，随着时间的变化，板块中所包含的证券可能也会发生变化；或者随着到期日越来越近，价格发生剧烈波动。因此，在进行分析时，我们必须保持各个板块中证券种类的一致才能使分析更有价值。一般来说，板块中证券的组成以起始阶段的数据为基准。

可以观察到，只有数据库可靠并且得到了合理设计，才能让数据库的使用者随时调用数据。你必须确保你所有的债务工具想使用的关键数据点可以随意调用和查询，同时用户界面也可以为你提供便利的帮助。

行业分析

对不同行业板块进行分析的方法在企业债市场中应用甚广。通常来说，我们可以使用股票市场中的分析工具发现一些特定的交易模式，行业板块轮动和市场权重分析是企业债市场宏观分析中最常见的分析方法（也是股票市场中的常见分析方法）。例如，一个基金经理是否会为金属和矿业公司配置更高的资金权重，或者投行的交易部门是否想增加住宅建设公司的仓位敞口？

就像其他板块一样，行业分析也需要比较回报率、收益率、息差、久期、相关性系数、收益率分布和其他属性等。有时行业种类可以被聚集在一起形成更大的板块，如周期性行业和防御性行业（除了能源业通常被分成一个独立的组分）。这些大板块可以给投资者一个总体的市场信息，让投资者把握哪些趋势将要发生，或者看出投资组合整体的风险状况。这种大板块的分析比直接分析 20~30 个行业的数据要容易得多。

需要注意的是，不同市场的投资者和指数通常根据不同的方式来划分市场，所以在分析过程中要确保市场划分方式跟你所使用的市场参照基准的划分方式相同。

不过更令人惊讶的是，在分析行业时，不同行业之间的信用质量对比却常常被我们所忽略。我相信这是因为信用分析一般只在一两个行业之间进行对比时有效，而对跨板块行业之间的对比就没有那么可靠了，因为不同行业有着不同的关键特征，所以行业间信用测量的相对值就不是那么容易比较得出，几乎所有分析债券和借贷的数据库都是与分析师储存信用数据的数据库互相分开独立的。

然而关键的财务数据以及比率很容易在各行业间标准化，从而使比较工作变得更容易，得到各行业关键信用数据的平均值会对我们所做的行业分析产生极大帮助。一些常见的行业之间对比的数据如下：

- 息税折旧及摊销前利润率（EBITDA margin）；
- 自由现金流占负债的比重；
- EBITDA 占利息支出的比率；
- 杠杆率（如果根据行业资产价值调整过[①]）。

构建行业股票监控器

在行业分析的基础上，根据不同行业构建一篮子股票做研究也是十分有价值的。通过这种方法，我们可以监控各行业市值的变化，同时也可以把它作为一个对资产偿付率评估的工具。在分析同行业的股票和固定收益证券时，任何超前或者滞后的收益关系分析，都可以帮助投资者们找到投资机会。

我们应该密切监控不同行业间股票估值的变化，因为股票价值是债券标的资产的重要参照。此外，强劲的股票估值可以向该行业中的公司提供发行新股的机会，这可以作为降低公司杠杆的融资来源。

在检测某行业的股票估值时，最常用的比率是 EV/EBITDA（公司价值除以息

① 行业资产价值可以通过比较同行业其他公司的股票数据指标比率，或者近期市场中发生的并购交易中的指标比率来确定，再将这一指标比率除以杠杆率就能得到一个近似的相对资产偿付率。通过这种方法计算出来的覆盖率在用于跨行业的对比时更加标准化。——译者注

税折旧及摊销前利润）。该比率适用于所有 EBITDA 为正的上市公司，它是为行业内提供相对估值的有效工具。公司价值（Enterprise Value）是指公司的股票价格乘以公司的流通股数量，再加上公司的总债务计算得出。

我们可以通过多种不同方式来构建股票市场的分析工具，并且只覆盖那些你所研究的债券发行公司作为股票分析的对象，或者涵盖行业中所有的上市公司，甚至自定义的同业公司股票对比指数。因此，如果我们正在为美国的媒体行业构建一个股票因子模型，那么可以在分析中涵盖十几个同时有上市流通股和发行高收益债的公司。

此外，我们还需要决定是否在你所构建的同业公司股票分析中用各公司的市场权重来分配各公司的比重,或者按照所有公司分配相同的权重来计算。一般来说，后者是行业中为公司估值更合理的方法。

我们能从市场冲击中学到什么

分析市场中不同板块在特定市场冲击下的表现是十分有价值的。这些市场冲击可能源于战争、石油价格剧烈波动或者自然灾害。当然根据定义而言，这种冲击往往是无法预测的，但是这些分析可以帮助你在此类冲击真正发生时作出快速反应。

由于交易受到流动性限制，在冲击发生时，企业债与股票或政府债券相比价格通常在不放量的情况下跳空，直到下一个稳定交易价格出现为止。此外，由于受到企业债市场中价格信息更新的局限性，许多证券的交易频率很低。所以当冲击发生时，我们所搜集的市场价格变动数据中存在着大量的噪声，甚至可能会出现完全误导性的结果。因此，我们最好能在进行分析时，同时分析该事件对市场影响的两面性。这样的话，我们的分析才会更具有价值。

交易拥挤

数据分析的应用范围正在变得越来越广泛，一些卖方公司会定期向大量客户公布相同的建议和测算，而市场中的投资者们也广泛地应用类似的筛选和分析系统来进行我们在前文中讨论的筛选分类和相对价值对比分析。由于同样的数据分析方法越来越被广泛地应用，导致出现“交易拥挤”（the crowded trade）的现象。

例如，我们把对国债利率的息差作为相对价值的衡量指标。假设 BB 级债券的息差和 B 级债券的息差已经达到了与最近十年最为接近的水平，同时经济环境也开始展现出一些走弱的信号，以上信息全部都将显示在投资者和交易员的分析软件上，那么他们每个人都想进行一些资产转移。如果大额资产也试图执行这样的交易，那么成交情况将会变得非常困难，两种不同资产的价格也将不停地在修正和修正过度之间摇摆。因此，这种交易策略就导致了交易拥挤。

由于人人都使用电子交易系统的原因，这种拥挤交易在近期的股票市场中也变得越来越普遍，这会导致高波动率行情更持久。企业债这样的低流动性市场将会受到严重的干扰。

企业债市场中许多根据数据分析开发出的金融产品的交易拥挤现象已经变得十分严重，公司债市场的波动性也比以往显著地加强了。尤其是随着像 CDX 和 ETF 这样的指数产品或类似指数产品应用的增加，固定收益市场中的波动性和交易拥挤现象正在变得越来越严重。

此外，另一个使交易拥挤现象增加的原因是许多人所使用的宏观数据均来自于卖方公司，而且同样的数据在市场中广为传播。所以内部研发、更早地识别市场信号，以及快速对市场作出反应是在交易拥挤中抢先一步的关键。就像巴顿将军所说的那样：“相同的思考等于没有思考。”尤其是在企业债市场中，流动性的限制导致我们难以快速改变自己所持的仓位。所以，我们必须更早地采取行动。

14 信用选择数据分析

我们一旦确立了市场中的关键趋势和走向，并且已经针对这些趋势开发出一套自己的投资策略和投资方向，那么就需要选出那些能符合你标准的债券或者借贷产品。你需要把这些信贷产品的关键数据拿出来作比较，这样才能对证券池中的债券进行分析。我们在让信用分析师进一步挖掘证券信息之前，初步筛选出符合条件的发行公司和证券，只有这样，才能最终做出合理的投资买卖决策。

数据分析有助于我们找出符合要求的债券和债券发行公司以构建投资组合。更重要的是,它可以帮助你找到那些你一定不想持有的债务工具,这可以为分析师、交易员及基金经理们大幅提高工作效率。此外，在分析过程中，数据分析也为比较不同投资选择之间的相对价值提供了巨大便利。

请记住，信贷投资最终决策的过程难以量化。最终决策的过程可能包括与公司管理层会面、公司的实地考察、关于竞争对手和竞争环境的分析，以及证券的结构和条款的质量分析。我们可以在投资分析中试着将其中一些项目整合进相对价值评估系统，但是这些项目相对于高销售收入或利润率这样的数据，将掺杂更多的主观判断因素。

创建信用筛选标准的目的可以只是为了简单地建立一个多样化的投资组合(可以选择对特定行业有所偏好，或无行业倾向性)；或者根据其更加具体的特性选择证券，比如久期的 CCC 级债券；或是那些低市价并带有资产保护的。我们在使用分析方法进行筛选时可以发现，经常会用到查询和排序。在庞大的数据库中拥有充足的筛选项目可以供我们选择，使我们的搜索工作进展顺利。数据库中拥有充足的债券信息是成功使用分析技术的先决条件。

信用筛选数据

在理想情况下，我们希望拥有一个庞大的数据库，这个数据库中有每个债券发行公司以及每只发行债券的数据，并且这些数据得到了有效分类。当然，除此之外，我们最关心的是企业债在市场中准确的定价数据。

此外，我们还需要一个可以根据债券描述特征搜索并排序的数据库，如根据价格、收益率、息差和久期等指标，以及其他关于债券发行公司详细的信用评估等。但是就我个人而言，目前还未见过包含了信用选择所需的所有数据的数据库。

我们可以把信用选择所需的数据分成以下三大类。

（1）描述债券和债券发行公司基本性质的数据，如票息、到期年限、发行公司、偿债优先级、货币种类、附加条款、发行公司所处行业以及所在国家等。

（2）用来判断债券相对价值的数据，如价格、收益率、息差和久期等。

（3）发行公司的信用评估数据，如发行公司的营业收入、营业毛利率和杠杆率等。

大多数数据库拥有着较全面的第一类和第二类数据（除附加条款数据外），但是一般欠缺第三类数据。

在进行查询和排序时，我们发现所需要参考的内容会比预期的多很多。以下是在研究和查询一只债券时最需要关注的几个重要领域。我只举几个有代表性的例子：

- 票息；
- 偿债优先级；
- 价格；
- 收益率（包括到期收益率 YTM、最差收益率 YTW 和当期收益率 CY）；
- 息差（包括到期收益率 YTM 和最差收益率 YTW 的息差）；
- 到期日（有可能包括提前赎回条款、回拨条款以及其他特殊赎回等信息）；
- 久期、期权调整久期、债券突性；
- 信用评级（通常包括主要评级机构标普、穆迪和惠誉的评级，有时候评级也可以来自于该公司所在国家当地的评级机构）；
- 业务所在国家（债券基本描述应该包括所用货币种类和债券发行国家，这些信息、公司核心业务以及业务所在国根据公司而异）；
- 行业板块（需要按照市场公认的行业板块划分，除此之外，你可能还需要另一套标准来确定发行公司是否处于周期性板块、防御性板块、消费板块还是工业板块等）；
- 基本的信用比率，如杠杆率、利息偿付率、净自由现金流（NFCF）[①]或债务等；
- 营运收入规模与公司市值大小；
- 公司财务趋势，如近期营业收入、EBITDA 增长率、营业毛利率；
- 企业价值评估，如公共企业价值[②]（public EV）、发行公司或同类公司的企业

① 净自由现金流在此处是 EBITDA 减去现金利息支出、税费、营运资金和资本支出后得到的。——译者注

② 企业价值在该处是使用流通股数乘以股价后，加上所有债务和优先股价值，最后再减去现金得到。——译者注

价值；

- 近期债务到期；
- 维护条款的安全空间[①]（maintenance covenant headroom）；
- 公司持股结构，如流通股、私有股、杠杆收购。

以上这些数据类型以及其他尚未提到的数据领域都会对信用选择起到重要作用。

关于查询和排序的几点建议

通过查询和排序，可以根据自己设定的筛选条件从数据库中筛选出所需债券和贷款的名单。这份证券名单正是根据对宏观环境进行研究后所得到的投资策略而形成的。

数据库需要有强大的多重查询和排序功能，也就是说数据库需要满足的功能包括多种需求检索、多种终端客户从数据库中提取数据的方式（每只债券逐笔记录），以及多种排列和显示数据的方式。数据库系统的查询功能应有足够的灵活性，并且能进行多重选择。例如，在查询数据库时不会只设置“最差收益率范围在 5% 到 11% 之间”这一个条件。债券除了符合这个条件之外，也可设定符合到期年限范围、久期范围、偿债优先级以及信用评级等限制条件。拿到了根据这些条件筛选出的证券名单后，可以通过主流软件把这份名单中的债券根据任意数量的特征或领域进行分类，也可以通过自主开发的数据库使用常见的微软 Excel 数据栏进

① 安全空间是指在债券契约条款中，规定测试合格线超过实际测试结果的差值。例如，如果契约维护测试要求公司 EBITDA 不得低于 1 亿美元，而在进行测试时公司有 1.2 亿美元 EBITDA，那么该测试的安全空间就是 2 千万美元（1.2 亿减 1 亿美元）或者 20%。维护契约条款一般是为了促进公司在发行债务的最初几年改善财务数据而设立的。——译者注

行操作。表 14—1 展示了根据特定标准在数据库中进行查询时，一个简单的筛选条件输入界面样板。

表 14—1　　查询界面

查询功能界面样板						
行业	**利息**	**偿债优先级**	**信用评级**	**最差收益率**	**息差**	**久期**
所有	所有	所有	BBB>X>D	X>5.5%	X>350	X<5.0

当构建好潜在投资的候选证券名单后，团队需要逐个分析一些关键指标和这些债券的信用水平。本章的剩余部分将介绍一些关键指标，以及你在筛选最符合的投资策略和最优质的证券时会用到的几种重要的分析方法。

案例

假如你一名卖方交易员，分析师同事告诉你，他认为食品行业在未来的表现很有可能有高于市场平均回报。他指出，你为食品板块配置的债券权重明显小于其他类似板块。根据 TRACE 数据，有几只债券有着可观的交易量。经过综合考虑，你希望在食品板块配置更大的仓位，并更积极地参与该板块的交易。因此，你可能会向负责数据库系统的策略师提出查询的请求，以筛选出食品行业中 5 只市值最大的证券。此外，你还希望发行公司的财务数据要与分析师财务报表模型的电子表格相连，同时要保证查询到的输出数据包含着每只债券的价格、收益率和息差。表 14—2 示范了根据以上要求生成的一个简单的查询结果样板。在简略地对这张表格进行分析后，你和分析师可能想要对“饼干有限公司”的债券增加仓位。因为我们从表 14—2 中最右侧一栏可以看出，这只债券在所有 5 只债券中有着最高的单位杠杆率息差。

表 14—2　　　　食品行业查询输出结果示例

公司名称	描述	到期年份	价格	收益率	息差	杠杆率	息差 / 杠杆率
番茄酱有限公司	6.125% 优先债券	2021	101	5.95%	356	3.1x	114.8
芥末有限公司	8.25% 次级债券	2020	101	8.30%	691	4.9x	141.0
沙拉有限公司	9.125% 优先债券	2019	103	8.21%	695	6.0x	115.8
蛋黄酱有限公司	7% 优先担保债券	2020	101	6.80%	465	4.7x	100.0
酱油有限公司	7.25% 优先债券	2020	102	6.77%	504	4.7x	107.2

在现实中，分析师可以独立完成这样的小规模筛选。但是如果所查询的是一个规模大得多的行业，那么数据系统的作用便会显现出来了。

金融指标

表 14—2 包含了相对价值分析中会用到的证券价格和收益率信息。这只是一类信用指标。想要从数据库中给这张表添加进一步的信息，我们就需要涵盖一些更详细的财务指标。

表 14—2 包含了企业债市场中最常用的一个指标——杠杆率。虽然计算杠杆率的方法有很多，我们在表 14—2 中所使用的是最基本的债务 /EBITDA 的方法。这个比率反映了相对于现金流而言公司承担了多少债务，它是对偿债能力的一个简单粗略的衡量，也表现了公司现金流为债务提供的资金支持保护程度。

在分析财务指标时，一般先与该公司同行业或近似行业内的其他证券作比较。这样做的部分原因是由于行业不同的公司很难有可比性。举个例子，一家钢铁厂的运营数据与电视台业务数据必然有着很大差异。两家公司不仅损益表内容不同，它们的再投资利率和最优资产结构也会有着巨大差异。然而，尽管我们在做证券研究时先要与相同或相近行业中的公司作对比，但是必须记住的是，最终的投资决策不仅取决于同行业的对比结果，也需要在整个市场中把目标债券与所有投资标的之间进行对比。

我们可以通过下面的一个案例来理解为什么行业内的对比往往是研究的第一步。一家拥有电视台的上市公司，它们的股价与 EBITDA 的比值平均是 10 倍，并且一般电视台运营商的杠杆率是 5 倍，那么这表明了这个行业的资产保护率（asset protection）是 2 倍。另一个行业（如钢铁制造行业）中公司的平均定价可能更低，其平均股价 /EBITDA 可能是 7.5 倍，那么如果钢铁行业的公司的平均杠杆率与电视台行业一样，钢铁行业的资产保护率就是 1.5 倍，比电视台行业更低。还有很多其他行业都具有自己独特的财务指标特征和行业周期。

我们可以通过数据分析选择证券，这种行业分类不一定是划分市场板块的唯一方法，在不同的时期或者针对不同的项目进行数据对比时，可以在同一信用评级的证券间比较。要找出最符合市场预期趋势的证券或重新平衡投资组合时，可以拿相似到期年限或久期的证券作比较。

我们从另一方面来观察数据。如果一家公司同时发行了多种不同偿债优先级的债券，就需要把每级债券能够区别价值水平的数据都详细地列出来（如表 14—3 所示）。因此，在研究资本结构中不同层级的债券时，需要展示出不同层级债券的杠杆率，还要包含所有高于或等于该债券优先级的债券以及整间公司的杠杆率。如果某家公司发行了优先担保银行贷款（senior secured bank loans）、留置权债券（second lien bonds）、优先次级本票（senior subordinated notes），就可以得知公司整体的杠杆率以及每一级债务的杠杆率。这样一来，便能比较各个层级债务以及资本内部和资本间的息差。我们还需要确保单债务层面的和整间公司债务层面的其他各种比率参数也包含其中，这样才能够进行跨行业分析、比较所有优先担保债务。此外，不能只展示出不同债务规模的大小，还应该把公司的债务总量也标记出来，因为公司债务总量的大小会影响整家公司的信用质量，哪怕是那些优先级最高的债务也会受到影响。

表 14—3　　多层资本结构及杠杆率数据

描述	到期年份	未偿还总额（亿美元）	价格	当前收益率	最差收益率	息差	债务杠杆率	总杠杆率
分期贷款 +350 基点，下限 100 基点	2018	300	99	4.55%	无	无	1.0x	4.7x
5.75% 优先债券	2020	500	100	5.75%	5.73%	377	2.7x	4.7x
6.125% 优先次级债券本票	2021	250	101	6.06%	5.95%	355	3.5x	4.7x
营运公司合计		1050					3.5x	4.7x
控股公司								
8.625% 优先债券	2020	350	101	8.54%	8.30%	691	4.7x	4.7x

注：注意到债券的杠杆率随优先级下降而上升，而总杠杆率则保持恒定不变，但是为了让不同证券和总资产结构数据之间保持联系，我们还是在最右添加了总杠杆率这一项。

许多其他比率参数也可以作为对公司分类和排序的依据。自由现金流占总债务的百分比率是我本人最喜欢使用的指标之一。类似的比率还有利息偿付比率（interest coverage ratio）或是剔除资本支出后的利息偿付比率（interest coverage ratioafter capital expenditures）。除此之外，还有很多其他指标可供分析，其中可能包括营运资本和资本回报率等。这些类型的数据需要在数据中得到合理展示，并且定期更新。但是当选择在数据库中应该包含哪些指标时，必须同时平衡好数据库的可操作性和可维护性，而不是一味地追求全面，从而导致大量时间和人力的消耗。

运营数据

在理想情况下，数据库除了拥有基本的财务比率之外，还可以涵盖公司的运营财务数据，一些典型的数据包括能够展示近期公司营业收入和 EBITDA 变化情况的趋势分析数据。增长率可以指相对于最近季度的增长率，也可以是前四个季度的平均增长率。在对比这些行业间数据时，我们通过表格或统计图的形式展现出那些运营水平强于和弱于行业平均的公司。但是我们在得出任何结论之前，还要分析公司的增长到底是通过收购实现的，还是由于公司自身成长导致的。

数据库还应该涵盖其他运营水平的对比，而且这些对比应该被历史数据证明是有效的，其中包括各种类型的利润率，如毛利率、营业毛利率或 EBITDA 利润率。对于某些行业而言（如零售业），存货周转率、应付账款和应收账款等数据在对公司的运营能力进行对比的时候便十分具有价值。

公司财务流动性以及信用分析与数据分析之间的区别

财务流动性是指公司持有的现金，以及在经营中满足所有支出和债务后所剩超额现金的充足程度。它是区分不同公司信用质量好坏的重要参考标准。现在快速介绍一下分析师在进行详细的公司信用分析时，会如何对该因素进行分析，以及如何把该因素整合进数据库以方便查询与排序。

信用分析师在考虑流动性问题时，首先考虑公司在运营中所产生及消耗的流动性的大小。人们在分析计算这些数据时，会产生很多因人而异的解读。有的投资者习惯在计算这些数据时先不把资本支出和债务偿还包含在内，而有人则喜欢使用扣除这些条目后的数据；有些人习惯先扣除股息和股票回购，而有人则不会；有些人直接使用财务报表中现金流量表的数据，而有人则会选择亲自计算并加入一些调整（我们需要在众多的计算方法中选择最适合自己的方法，那么此时拥有分析团队的优势就体现出来了，这种优势是那些直接从第三方数据供应商那里照抄数据的投资者无法获得的）。无论怎样进行计算，这都是对比分析过程中十分重要的一个环节。为了分析公司运营中产生的流动性，信用分析师必须同时参考公司财报中的现金流报表以及损益表中的不同条目。在理想情况下，分析师必须判断流动性消耗中有多大比例是资本支出（一次性的资本支出），而又有多大比例是经营所需的定期维护性支出，分析师需要分析较长时间内的全部数据。我个人比较倾向于用以下两种方法计算净自由现金流：第一种是只使用公司经营数据（非财务数据），并且减掉除了股票回购、股息以及债务偿还以外的所有支出，以便最终得到自由现金流净值；第二种则是在第一种方法的基础上，计算同时扣除以上三项支出后的值。第一种方法提供了一种分析思路，体现了公司在除去那些可选决策外还能产生多少流动性；而第二种方法表现了公司管理层是如何选择公司运营所产生的现金流决策。

但是以上所有分析师需要的数据都不会被录入数据库以供查询和排列。而在进行查询和排列时，最好能使用某个简单的比率指标。其中一个符合条件的比率就是自由现金流所占债务的百分比（net free cash flow/debt）。这些比率对杠杆信贷证券来说尤为重要，因为偿债能力能够极大程度地改善证券的信用质量。因此，在展示查询和排序结果时需要在合适的位置预留出一块数据区域来展示信用比率指标（如现金流所占债务的百分比），而不是把单独信用分析才用到的细节指标全部展示出来。

请注意，比率或百分比（本质上也是比率）一般在进行信用选择时用处最大，因为它们可以帮助投资者广泛地对比不同信贷。然而，在进行具体信用分析时，除了这些比率外还有许多其他方面需要关注。比如不应该完全忽略公司的规模，因为分析师有时会认为公司规模的大小是存在着分析价值的，公司可能会因规模不同而扮演不同的经济角色。

资本支出也是投资者们的研究对象，因为它虽然消耗现金，却不会被记录在损益表里，也不会反映在 EBITDA 或经过简单修正的 EBITDA 中，但是资本支出却又能极大程度地改变公司和行业的信用水平（有些行业是资本密集型的而有些不是，因此仅使用 EBITDA 来分析可能会误导投资者）。资本支出是流出现金流的一部分，在对比公司间数据时常常会以占营业收入百分比的形式被使用到。同理，那些特殊的、一次性的支出项目（如给厂房安装新的设备）是否被计入资本支出，则需要由分析师自己决定。

从信用分析师的角度看来，公司的流动性分析不会仅限于数据库中的各种比率，此外分析师还需要计算总流动性占总债务的比率。流动性的来源一般包括银行贷款、现金以及记录在资产负债表中的流动性证券。信用分析师需要判断这些流动性中是否有哪些部分是为某些特定支出而专门准备的，如某个资本项目、一个已经公告的股票回购计划或者即将到期的债务。此外，分析师还需要考虑标的公司是否有能力进入金融市场，并通过金融市场募集到资金来支撑公司的流动性。虽然这方面的数据很难量化，但也仍是需要考虑的要点之一。如果讨论得更深一层的话，分析师就要判断该公司是否持有能在将来通过出售获得资金的“硬资产”。如果这些资产被出售，那么是否会对 EBITDA 和其他现金流指标产生影响。

分析师还需要分析的是即将到期的债务。现存和新产出的流动性需要优先用于偿还到期的债务。通常我们至少需要分析未来 12 个月内将要到期的债务，但是我个人建议在条件允许的情况下至少关注未来 5 年的债务到期状况。为了便于比较，我们可以计算出即将到期的债务占总债务的比重，或者也可以计算出即将到期的债务相对于最近 12 个月的 EBITDA 比率。这两个比率在数据库中一般不常见。

很显然，如果想把所有决策所需要的数据和指标集成在一个数据库中，并且还能根据指标查询和排序，实际操作起来是比较困难的。虽然这些数据工作只是整个投资决策过程中的很小一部分，但是数据库的构建可以为分析师们节省出许多时间，并帮助分析师们更快地判断出市场中的关注方向。此外，从数据库中得出的对比数据在投资决策中起着至关重要的辅助作用。

图 14—1 以统计图的形式展示了前文中我们讨论过的流动性比率，该图对几家公司在一段时间内的流动性情况进行了对比。

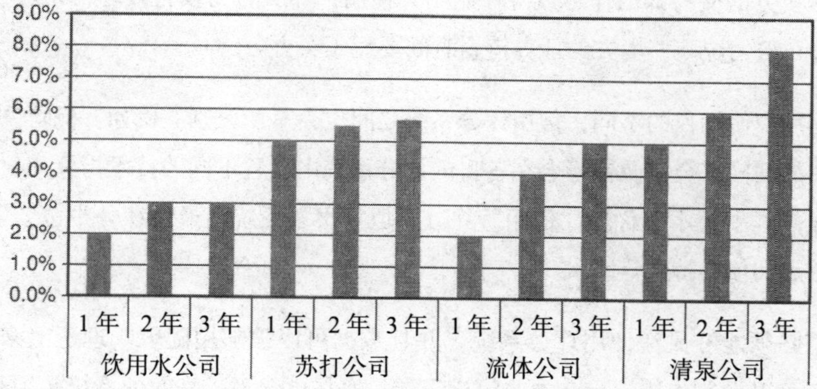

图 14—1　净现金流 / 债务对比图

信用评分

一些投资公司使用了信用评分系统。这些系统水平一般良莠不齐，研究方法从最基础、严谨程度一般到十分详细全面都有。很多第三方分析机构和投资银行的某些部门也经常使用信用评分系统。信用评分也是信用评级机构一直致力于开发的领域。如果在公司内部的数据库中整合进信用评分系统，那么它将在筛选和分析相对价值等方面具有极其宝贵的价值。

投资银行使用评分工具的主要目的是为了自己手中所持有的贷款①，但是除此之外也会有越来越多的其他业务涉入其中。对于投行来说，如果把评分系统同时

① 银行自己持有的贷款是指主要贷款借款银行（或者是联合借款的几个银行）在自己的账户中持有的贷款仓位。通常在贷款协议中，借款银行会被要求持有一定量的贷款。这一要求可以增加投资者对银行该贷款尽职调查的信任程度。但是在债券市场中有一条违反常理的监管逻辑，那就是债券的发行和承销银行是不允许持有任何所发行债券的——因为如果银行持有债券，那么他们在发行和销售债券时可能会损害其他投资者的利益。——译者注

给买方和卖方的交易部门作为风险控制工具使用，那么将为投行效率带来很大进步，尽管一般情况下，卖方的证券持仓时间要短于买方。

根据用户使用目的不同，信用评分系统之间也会有所区别。例如，保险公司、高周转率的共同基金以及银行会在各自的评分系统中设置不同的技术指标和权重。此外，虽然本书把本节称作“信用”评分，但是很多系统在最终评分中也会考虑到交易特点和债券特点等因素。

我们必须能够灵活使用评分系统，并且数据可以被随用随取。理论上来说，评分系统可以设置成比较行业内的信贷证券，但是更合理、高效的系统必须是一个静态的、能够应用在所有行业中的系统，因为这样才能对比不同行业间的公司。

现在我们来看一个简易信用评分系统是如何运用数据库分析同一市场中不同类型的信贷证券。下面的案例会让你对它有个大致的了解，但这并不是信用评分的最佳标准。在表 14—4 中，所有比率都按信用质量从高到低排列，并与分数一一对应。信用质量越高，得分值就越低，最低分值为 1；反之，信用质量越低，分值越高。此外，也可以对其他比率指标采用相同的方法，并且将得分最后相加。根据结果对信用质量进行排名，总分越低，信用质量就越好。

这只是一个简单的信用评分系统，我们还可以在此基础上对不同的因子设置不同的权重。更重要的项目就应该被配置更高的权重。这样一来，评分系统便产生了排序的功能。

更多情况下，评分系统以跨行业的绝对分值记分，而且新发行的债券也不会影响到其他已经计算好的信用评分。

假设在一个行业中（在表 14—4 中即拆迁行业），已经确定了该行业平均企业价值相对 EBITDA 的倍率是 6 倍（这个数值可以通过该行业上市公司在市场中交易的价格，或近期同行业公司被收购时的价格，或同时参考两者来确定）。

随后可以计算出该公司的杠杆率，并分析公司的债务受到公司隐含资产价值的覆盖程度。如果该公司的债务总额是 EBITDA 的 3 倍（即杠杆率为 3），这就表明公司的资产价值达到了债务的 2 倍（6 ÷ 3=2）。

理想的方法是设置一个规则集合。例如，在一个分值越低、信用水平越高的信用评分系统中，你可以进行如下设置：

1. 杠杆率小于等于 2 记 1 分（也就是理论资产覆盖率大于等于 3 倍，6 ÷ 2=3）；
2. 杠杆率在 2.1 倍到 3 倍之间记 2 分（也就是理论资产覆盖率大于等于 2 倍且小于 3 倍 6 ÷ 3=2，以此类推）；
3. 杠杆率在 3.1 倍到 4 倍之间记 3 分；
4. 杠杆率在 4.1 倍到 5 倍之间记 4 分；
5. 杠杆率在 5.1 倍到 6 倍之间记 5 分；
6. 杠杆率大于 6.1 倍记 7 分——请注意，债务超过 EBITDA 越多，相应的分值惩罚越高。

这一标准可以应用到任意数量的比率指标上。由于可以将标准应用到不同市场和板块之间的比较，所以此类评分系统会显得更加灵活。但是请时刻注意一个重要的因素，那就是如何根据不同市场间的差异来对评分结果进行修正，以保证行业间对比的公平性。

表 14—4　　排名评分系统和固定评分系统示例

	杠杆率	排名评分系统	固定评分系统
拆迁有限公司	2.00x	1	1
蓝天建设有限公司	2.50x	2	2
碧水建设有限公司	2.75x	3	2
绿叶建设有限公司	3.10x	4	3
白云建设有限公司	3.50x	5	3
城管拆迁有限公司	3.50x	6	3
大锤拆迁有限公司	3.80x	7	3

（续表）

	杠杆率	排名评分系统	固定评分系统
搬砖拆迁有限公司	4.50x	8	4
大力拆迁有限公司	5.10x	9	5
光速拆迁有限公司	5.75x	10	5
行业估值平均倍率			6.00x

值得一提的是，投资者们还可以为其他非财务类指标评分，如管理层的历史背景、公司管理方式、股权所有者结构等。很显然这些指标会带有很多主观因素，并且不同的评分者在选择内容以及判断相对重要程度方面有着不同的看法。

一般来说，评分系统中会纳入很多评分项目，并给定一个分数取值范围（如 0~100 分）。有时系统也会额外设置一个“超常范围（unacceptable range）”。根据取分值的方法，有的系统可以同时给发行公司及其发行的具体证券做出评分。整个分析过程要结合信贷、债券或借贷自身的特征进行参考。

当然现实中还可以把系统设计得更加复杂，但是上述案例可以展示出一套信用评分系统如何处理数据的基本框架。

虽然评分系统不容易构建，但是其一旦完工并能得到定期维护和检查，那么它会在数据处理方面为我们带来极大的便利。在这些数据库中的信用十分具有参考价值，因为它仅通过单一数据就涵盖了广泛的信用质量信息。

相对价值的分析方法

相对价值用来比较两笔或两笔以上投资的风险和收益，它可以帮助投资者判断哪些证券要买入，而哪些要卖出。在固定收益中，此类分析多用以衡量息差和收益率。而对于风险而言，本章将不会把回报率的波动率作为风险指标，而是将信用质量作为衡量风险的指标。

不同类型的投资策略或投资者对信用风险的承受能力不同，对回报的期望也不同，此外还要受不同投资时间范围的限制。不同投资者对最适合自己的信用风险衡量指标有着不同的观点，而且这种带有更多主观色彩的信用评分可能会极大地影响投资决策的结果。因此，即使投资者们运用了最精细的信用分析方法，不同投资者间得到的结果也很难相同。

相对价值分析中运用到的主要指标可以是各类信用比率和信用指标，也可以直接使用前文中讨论过的信用评分的结果。在理想情况下，数据库要能够完成任意指标组合的查询要求。

投资者在衡量回报时，重要的一点就是投资者必须获取最新的债券或者贷款的价格、收益率和息差等数据。如果这些数据所在的时间与实际相差太远的话，那么使用这些数据进行分析就没有意义。

在前面的章节我们讨论过，债务工具有着多种定价方法。通常债券或贷款的市场价格一般不会被用作衡量价值的关键指标，除非是出现深度折价的问题证券。而收益率在衡量证券价值时比价格更为常用。为了保守起见，一般会采用所有收益率可能性中最低的作为衡量指标（无论是到期收益率，还是到某个债券赎回时间的收益率），而这个收益率一般被称为最差收益率。但是在进行不同证券间的对比时，收益率的作用就没那么明显了。例如在对比到期年限之间相差很大的债券时，收益率就失去了可比性。由于收益率曲线的斜率一般为正值（在其他条件相同的情况下，到期年限越久的证券收益率越高），如果你比较其他两只条件相似而只有到期年限不同的债券时，在只关注最差收益率的情况下，10 年期的债券肯定会比 2 年期的债券看起来更便宜（显然 10 年期的债券收益率更高）。因此，只有在比较不同债券具有近似到期年限（以及相似的赎回条款）时，那么最低息差才是进行基本相对价值对比时更好的工具（最低息差是债券收益率与其对应的参照基准债券收益率的差值。因此通常来说，对于一个美元计价、5 年期的企业债，需要将其收益率与普通的 5 年期国债收益率相减来得出息差）。

当我们把这些指标应用到风险收益分析中时，我们就把收益率或息差作为回报的指标（在这个例子中也就是未来收益），而信用指标则被作为风险提示。所以风险收益指标就可以用两者的比率来表示（与夏普率十分相似，夏普率也是用历史收益率与收益率的波动性的比率来衡量风险与收益的关系的）。

假设你决定使用息差来衡量回报。息差越小，表明市场认为该债券的信用质量越好，可以将息差与信用评分相除，以得到单位信用评分内该债券能获得多少息差。这个比率越高，则说明在承受相同信用风险时获得的回报就越大。这里的信用评分也可以被杠杆率或者其他信用指标来替代。

表 14—5 展示了在同行业对比信贷证券价值时，采用信用风险（表的上部）比率和信用评分（表的下部）比率时，其风险收益分析结果会有什么不同。

这个过程合理的地方在于，低息差和低信用评分都表示高信用质量。但是如果你使用 EBITDA/ 利息的比率，或者使用低分表示低信用质量的评分系统来作为风险衡量的话，那就意味着该值越低信用质量越差，因此，我们需要在计算时采用它们的倒数。

全面、完整的结论需要考量更多因素，而不仅仅是考量一个信用指标。在决策中需要考虑诸多财务方面以及债券结构方面的因素，比如有的投资者觉得市场价越低越好，或者有的投资者考虑债券的久期数据赋予更高的权重。这些基本相对价值指标有着重要的查询和排序价值。

另一个可以用来衡量相对价值的方法是回归分析。回归分析的确可以通过图标的形式展示出哪些证券在理论上被高估或低估。但是回归分析仍然需要自己决定哪些指标来作为回归分析的输入变量，以及采用哪种收益风险衡量方法。

表 14—5 基于杠杆率和信用评分的相对价值比较

基于杠杆率的相对价值比较							
公司名称	描述	到期年份	价格	收益率	息差	杠杆率	息差 / 杠杆率
番茄酱有限公司	6.125% 的高级债券	2021	101	5.95%	356	3.1x	114.8
芥末有限公司	8.25% 的次级债券	2020	101	8.30%	691	4.9x	141.0
沙拉有限公司	9.125% 的高级债券	2019	103	8.21%	695	6.0x	115.8
蛋黄酱有限公司	7% 的高级担保债券	2020	101	6.80%	465	4.7x	100.0
酱油有限公司	7.25% 的高级债券	2020	102	6.77%	504	4.7x	107.2
基于信用评分的相对价值比较							
公司名称	描述	到期年份	价格	收益率	息差	信用评分	息差 / 信用评分
番茄酱有限公司	6.125% 的高级债券	2021	101	5.95%	356	25	14.2
芥末有限公司	8.25% 的次级债券	2020	101	8.30%	691	40	17.3
沙拉有限公司	9.125% 的高级债券	2019	103	8.21%	695	65	10.7
蛋黄酱有限公司	7% 的高级担保债券	2020	101	6.80%	465	50	9.3
酱油有限公司	7.25% 的高级债券	2020	102	6.77%	504	55	9.2

注：单位杠杆率息差或者单位信用评分息差可以反映出债券相对于其信用风险的收益。信用评分相对于杠杆率是一种更加主观的风险衡量方式，但是也包含了关于发行公司和债券的信用质量等更多、更全面的内容。

企业债市场中，最常遇到的是将债务工具的息差作为因变量，将杠杆率作为自变量（虽然也可以用信用评分）。我们可以使用多元回归，也就是在回归中包含多个自变量来同时影响因变量（如息差）。虽然多元回归是一种更加全面的分析方法，但是在企业债相对价值的分析中并没有那么广泛地被应用。此外它还会带来一些潜在的问题，比如不同变量之间的自相关性。但是多元回归毫无疑问更贴近现实，因为在现实中有众多的因素会影响证券的定价。

表 14—6 展示了使用 Excel 进行简单回归分析后所生成的一些数据。这是一个单变量回归，其中使用了 11 只债券的数据。债券的息差作为因变量，而相应的杠杆率作为自变量。

表 14—6　　11 只债券息差和杠杆率的回归分析结果数据

总结		
回归分析数据结果		
回归系数 R	0.923	
R 方	0.852	
修正后 R 方	0.835	
标准误差	35.699	
样本数量	11	
残差		
观测	**预测息差**	**残差**
1	363	36.83
2	466	–16.34
3	289	20.52
4	385	–85.28
5	452	28.39
6	297	–1.85
7	481	13.92
8	452	28.39
9	511	–10.56
10	371	–14.54
11	289	0.52

注：1. 数据显示了 R 值大于 0.6，表明相关性很强，也说明了该案例中息差和杠杆率之间有很强的可预测关系。

2. 数据给出了债券的预测息差，残差展示了当前息差与预测息差之差。

价格变化

股票和债券的价格波动不一定总是合理的。如果某家公司发生了重大新闻，那么该公司证券的市场价虽然发生了一些相应变化，但这并不代表该变化的方向就是正确的。但是作为投资者，我们不应该忽视这些证券价格的变化。

密切注意债券的价格波动可以让投资者在危险来临前留意到十分宝贵的信号，或是为投资者创造极佳的交易机会，因此你构建的系统应该能够有效检测大幅度价格变化。

数据库系统应该能够跟踪你所感兴趣的证券，并能在这些证券出现大幅度价格变化和交易机会时做出提示。与那些典型的提醒类经纪公司为私人账户提供的提醒服务相类似，当证券价格变化超过一定百分比时（比如债券价格变化超过了5%），系统就会自动向你发出提醒。

然而由于企业债市场中很多债券都缺乏交易流动性，建议对这类提醒机制做如下改进。首先应该追踪更长时间范围内的价格数据，而不是仅仅限于每日价格，应该使用当月、当年，甚至开始持仓至今的价格变化数据，可能还需要在这基础上设置一个绝对价格提醒，例如 70 或 100 美元。

还有十分重要的一点是，当价格出现异动时，我们需要检查该债券当时的实际交易量，以及距离上一笔交易过了多长时间。有时某只债券发生异常的价格波动时，只发生了很小的交易量，而且债券的流动性很低。那么这种价格变化很可能没有太多实际意义，也不需要我们做出相应的措施。例如在一只总市值 500 000 000 美元的债券中，如果只有 100 000~250 000 美元的成交量，那么这笔交易的意义就不大。此外，如果某只债券或借贷在几个星期内都没有交易发生，而某日突然发生价格变化，很可能只是根据整个大盘在这段时期内的变化节奏进行调整而已。

当你所关注的证券发生了真实价格变化时，无论价格是上升还是下降，也并不意味着必须马上采取行动。通常来说这只意味着需要让分析团队重新评估这只证券，并确认这一价格的变动是否和你对这只证券的观点相符合。首先需要分析这只证券相对价值的变化是否足够大到需要改变原有的观点，其次需要检查市场中是否正在慢慢地展现出一些你在分析投资观点时所忽略的问题。

股票市场数据的应用

许多发行企业债的公司同时也发行股票，分析这些公司的股票数据对债券投资者来说也十分具有价值。这些数据可以帮助投资者分析公司资产价值、判断市场的预期、帮助投资者对重大新闻作出更合理的反应，以及更有效地分析公司的融资渠道。这些都是在比较不同债券的相对价值时极其重要的信息。

我们之所以监测公司股票的变化，主要原因是由于几乎在任何情况下流通股交易的流动性要远远大于企业债。此外，股票的交易价格和成交量等信息要比债券容易获得的多，而且数据的更新也更加及时。

股票价格和成交量往往会成为反映市场情绪的关键指标，无论是针对某家特定公司还是对于整个大盘都是如此。与在前文中所介绍的监测债券价格和交易量类似，投资者只要在条件允许的情况下都应该在数据系统中监测公司股票或整个行业的价格数据，并对特殊的价格变动设置提醒。

请记住，股票价格的低迷或强劲可能会导致公司管理层做出对债券投资者有害或者有利的决策。例如，低迷的股票价格可能会促使公司进行资产分拆、出售公司股权或者其他一些类似的决策。持续上升的股价会给公司更强的信心去发行更多的新股以降低杠杆，或者以股票的形式而不是通过债务去并购。

股票的价格一般是由投资者对公司价值进行评估来决定的。如果公司被出售或者进入了清算程序，股票持有者在债务持有者得到完全偿付之前是不会得到任何赔偿的，因此理论上股票价格可以体现出公司资产对债务的覆盖程度。

通常我们用公司的上市流通股票数量乘以股票价格来计算公司市值。如果再加上优先股总价值和净负债（净负债等于总负债减去持有的现金及其等价物），就能得到企业价值 EV。我们在前文中讨论过，EV 可以结合 EBITDA 与杠杆率（总

债务 /EBITDA）相对比，估量出资产安全程度。

请记住，EBITDA 本质上是衡量现金流的指标，并且 EV/EBITDA 和杠杆率都是基于现金流得出的比率。在产生现金流的过程中，公司可能还创造了其他附加价值，这也是信贷分析师需要去不断研究的更深层次的细节。这些信息可能不会存在于数据库中，但是在进行股价分析时必须把它们考虑在内。例如，一家经营博彩业的企业在新泽西大西洋城拥有两座赌场，总共创造 2 亿美元的 EBITDA。但是公司可能还在拉斯维加斯拥有一大笔房产，并且正在申请澳门博彩业执照。如果 EV/EBITDA 等于 10 倍，并不意味着市场认为大西洋城的赌场未来将创造 10 倍现金流（20 亿美元），而是大西洋城的现金流加上其他两个正在开发的项目，总价值为 20 亿美元。所以不能用该公司的 EV/EBITDA 为 10 倍来估计其他大西洋城赌场的价值。在这个案例中，这样做很可能会高估其他赌场的价值。

同理，有时某家公司制造现金流的能力可能会低于同行业其他公司，那么投资者们会把这样的公司看作是潜在被收购的目标。因为分析师相信新的管理团队能够改善公司的现金流，从而增加 EBITDA，甚至还会导致股票以更高的 EBITDA 倍数交易，从而进一步推高股价。此外还有理论指出，如果想要完全掌握公司资产，那么投资者还要为此支付额外溢价。这意味着，如果某家公司是另一家公司的潜在收购对象，那么该公司的股价会以更高的市盈率交易。

值得注意的是，许多第三方数据源都提供企业价值 EV 的倍率，但是你可以不认同他们的计算方式。许多数据供应商把库存现金和现金等价物区分对待，我本人就曾见过他们在计算数据时完全忽略优先股，有时还会把股票总流通数量算错（价内权证、期权以及其他不同形式的股权，是否参与计算会对结果产生巨大影响）。

建议投资者密切关注关键行业龙头公司的股价，即使这些公司未必是你想参与投资的公司。

维护契约

尤其是在经济出现下行的时候，维护契约可以成为一种极其重要的分析工具。维护契约一般存在于企业与银行的各种协议中。如果针对契约的压力测试无法达到要求，那么银行和发行公司就会其进行技术修改，或是对条款协商出一个永久或暂时的更改，如提高费用或利率。我们应该对违反维护契约提高警惕，也许这个领域会在下一次信贷市场陷入低谷时朝着更深层次和自动化的方向发展。

分析维护契约有着较高的复杂性。不过由于每笔债券的维护契约各不相同，所以没有维护契约并没有固定的格式标准。此外，许多贷款协议不是对外公开的。即使是公开的协议，其维护契约的测试方法也各不相同。例如，某家银行协议中的维护契约限定了最低 EBITDA 和总债务的最高杠杆率，另一家银行在协议中则限制了最低利息偿付倍数和优先担保债务的最高杠杆率，而第三家银行协议中则可能同时包含了这四条规定。不过目前市场中不同行业之间维护契约的可比较性开始越来越强，比较的结果对投资者们来说十分具有价值。很显然，契约结构的标准化是未来发展的关键所在。

表 14—7 展示了典型的契约维护测试分析表。

表 14—7　　契约维护测试和安全空间表示例

契约维护测试和安全空间				
	优先担保债务最大杠杆率			
	第一年	第二年	第三年	第四年
维护测试	4.50x	4.25x	4.00x	3.75x
比率测试结果	3.50x	3.50x	3.65x	
安全空间	28.57%	21.43%	9.59%	

（续表）

最小 EBITDA（百万美元）				
	第一年	第二年	第三年	第四年
维护测试	500	505	510	520
EBITDA 测试结果	625	630	580	
安全空间	20.00%	19.84%	12.07%	

注：到了第三年，公司的测试安全空间急剧下滑。如果照这样的趋势持续下去，那么在第四年公司的维护测试很有可能无法达标。因此你需要一套定期更新数据的预警系统来提醒这些潜在问题。

一旦建立好契约中各种指标的计算公式，便可以计算出违约的安全空间。安全空间是距离指标超出规定范围前的缓冲量。在理想情况下，当指标连续有两个季度朝着违约的方向发展且安全空间低于 10% 时，或在任何情况下指标安全空间低于 5% 时，系统就需要发出警告。

非财务信息及相关分析方法

通过前文介绍，我们知道有一些重要的分析目标无法用数学表达，或者难以用常规的分析方法进行分析。虽然可以针对它们设置相应的预警，却很难通过量化的方法对其进行分析。它们可能与公司总体的信用质量有关，包括管理层的历史背景、行业竞争环境，甚至地理位置。有一些信用评分系统为此付出过大量尝试。特定信贷的契约条款也会遇见无法量化的情况。

契约条款根据具体债券情况而定，同一家公司不同债券可能包含着多种契约条款。单只债券的契约条款质量难以用数字量化。我们在前文中已经讨论过维护契约，目前大多数契约在发行或派息前必须要满足测试才可以执行。我们可以根据契约条款的内容设置信用分值（例如有债务违约条款测试，或者有限制条款的加一分），但是这种评分方式既难反映出条款的语言组织水平，也难以检测条款的测试难度。

一些机构开发出了自有评分系统为客户提供服务，但是对条款质量的评分通常十分主观。虽然评分的出发点确实很好，但是很少看到有能帮助投资者准确估计条款对投资者保护程度的方法。例如，杠杆率测试及支付限制是否会对公司的杠杆收购产生阻碍的影响。

此外还有其他类似问题需要我们考虑。有时候股权结构会给公司的信用评分加分，比如上市公司通常要比私有公司或被杠杆收购的公司分值更高。管理层历史背景和行业竞争环境也同样十分重要。一些基本公司结构（如控股公司和经营公司）很容易设置出分值；但是如资产的归属地等方面就难以通过分数量化了。

许多公司让分析师把这些高度主观的因素也纳入评分系统。我认为，只要评分系统的使用者能够理解这些因素的原理及如何应用主观分数，那么这便是合理的。

结语

本章介绍了市场中一些常见的基本分析方法。我们首先用自上而下的方法分析了不同资产类别间的回报表现关系和其他内在的联系和趋势，并讨论了这些关联影响投资组合表现的原因。我们在分析中对比了组合回报率、波动率、收益率和息差等指标。随后，在进行独立市场分析时，我们也会用到其中一些指标。市场分析所需的数据内容要比资产类别分析所需要的数据量大很多。这些宏观分析可以帮助你的团队开发出适合自身投资理论的策略，并且能够帮助你实时追踪市场的动态。

分析师们必须牢记，在进行分析时应根据时间序列来组织数据。随着时间的推进，市场中证券的主要组成成分也会相应地发生一定变化，而这些变化可能会对分析结果造成一定影响。另外同时需要注意的是，分析师所使用的数据都是面向过去的，而从分析结论中发现的历史数据趋势不一定会在未来重现。

分析的下一阶段是挑选出适合自己投资策略的信贷证券。这项工作的关键取决于分析深度和数据库中数据的质量。挑选证券的过程可以帮助投资者找到异常数据和异常现象的存在，从而揭示出一些潜在的风险或者宝贵的机会。

我们通常基于期望收益指标（收益率或息差）和风险指标（通常使用信用评分或关键财务数据来衡量）来衡量相对价值分析。这与用历史收益和波动性衡量的相对价值分析有所不同，后者通常是用来比较整个资产类别或者投资组合时使用的价值分析方法。

请记住，通过数据库得到潜在投资标的以及实际筛选出需要的投资标的，这两者之间是有很大差别的。在描述流动性风险时，我们已经大体介绍了数据库包含的数据和分析师在做具体分析筛选工作时使用的数据之间的类型和数量差别。需要牢记的是，该案例只是分析师在实际分析挑选时遇到的众多需要注意和探讨的问题之一。

DATA ANALYTICS FOR CORPORATE DEBT MARKETS

Using Data for Investing，
Trading，Capital Markets，
and Portfolio Management

第六部分

市场技术分析

罗伯特·克里切夫

在讨论企业债市场中的技术指标时，我们通常指的是市场中的供求关系。例如，近期市场中是否将有大型新债发行计划？市场中是否由于某种资产导致了更多资金注入或流出？技术指标可以极大程度地影响证券定价及整个大盘的波动。供求指标可以作用于整个资本市场、某板块、某行业、某信用评级，或是某种特定类型的信贷证券。长期看来，这些供求关系指标能重塑市场环境。

经纪公司、基金经理、债券发行公司以及资产规划师都希望对市场的技术指标能有更加深入的了解，以提高业绩表现。举一个简单的例子，当某位基金经理发现他所投资的投资级债券开始出现赎回事件时，而该投资级债券标的净资产也在过去两年中慢慢减少，同时市场中不少投资级公司宣布近期将要增加债务发行量，那么这位基金经理就会认为这些现象形成了一种近期趋势，买入或者持有投资级债券对自己的业绩有害无益。这样一来，他可能决定通过卖出所持有的一些投资级债务转为换取现金。他认为即使这些新债券值得买入，但因供求关系的影响也会导致债券在未来变得更加便宜。

技术指标常常会受到宏观事件的影响，如疲软的经济数据或者油价冲击等，不过这些事件所造成的影响不会太严重，就像市场中发生拥挤交易时一样，当事件被投资者接受后便不再对市场产生作用。此时市场已经朝一个方向“走得太远”，以致甚至发生突然崩盘的情况。尽管技术指标通常影响的是市场短期波动，也会有一些指标受到较长周期的影响，如新兴产业的兴起、人口结构的变化、新税法的实施，或者是市场整体风险情况的改变。

15 市场需求指标

总体来说，在监测技术指标的动态时，应该根据自己在市场中所处的角色从不同层面分析需求。你应该从市场需求的宏观层面开始，发掘市场中对证券投资需求的上升，以及对银行账户投资和其他如货币基金等现金类投资产品需求的下降。下一个层面可能就是去发掘在证券市场中，固定收益证券的投资需求相对于股票投资是否表现强劲。但是在固定收益市场中，可能就要考虑相对于其他固定收益证券，企业债的需求如何。接下来一个合乎逻辑的步骤就是分析在企业债市场内各类债券的相对需求，如新兴市场债券、高收益债券、高收益贷款、投资级债券和借贷及问题资产等。当前的利率水平是否适合投资者通过类似于 ETF 和 CLO 这样的结构性工具进入市场？最后，在企业债市场的各个板块中，可能会存在某个板块的投资者倾向于承担更多的风险，而某个板块的投资者愿意承担的风险更低。需求分析的下一层次就是分析特定类型的投资产品或特定市场板块。比如某个特定行业的市场，或者某个特定信用评级的产品。

正如所见到的那样，我们不是在任何时间都可以获取可靠的信息，甚至有的时候在面对不同板块时根本无法找到相关的信息。然而这并不意味着不需要搜集、整理并理解市场中的琐碎信息。我们仍然需要试着将这些信息组合起来，以便分析市场中各个板块之间的需求状况，以及它们对整个市场所产生的影响。

需求数据

关于需求端的数据通常是历史数据，这种数据大多数可以找到，并且数据范围很可能仅限于部分市场参与者。当然，市场并没有规定每个投资者都要公布自己正在做什么。但是，某些产品结构确实需要对外公布数据的流入和流出。不过问题在于，这些数据远远不能反映出完整的市场信息，因为仍然有大多数市场参与者不愿意公开他们的投资信息。

详尽的需求端数据要比供应端的数据难获得的多。常规资金的流入、流出数据可以从 ETF 以及封闭式和开放式基金处拿到，此类信息投资者们可以通过多种渠道获得。此外，每个季度过后投资者们便可以获得大量的保险公司持仓信息。在美国，最近有关大投行和经纪公司的债券、贷款持仓信息也越来越容易被获取。但是，不是所有发布资金流动和需求数据的机构都是专门交易债券或者债券市场中某个子相关产品的（如高收益借贷基金或新兴市场债券基金），所以这些数据中所反映出的资金流动是否真的会对市场需求产生实质性影响也是无法确定的。

当然，诸多市场参与者不会对自己手中管理的资产做出任何信息披露。此外，许多将资产委托机构管理的投资者并没有专注于投资企业债市场，而是经常因投机目的参与进企业债市场，此类资金通常被我们称为游资。这类资金的管理者也包括对冲基金和平衡型基金。一些大型的股票类基金也会在投资组合中持有部分企业债，而广义普通债券类基金的投资也可以在各种不同种类的固定收益证券之间任意切换。我们经常看见分析师试图确定在某种资产的投资总额中，游资和战略型投资的资金量各为多少。这样能判断出哪些资金是专注于长期投资资产的，而哪些资金只是为了暂时性的投机回报。

CLO 的动态是市场中贷款需求端中十分重要的部分。尽管 CLO 也经常会投资一些抵押债券，但是投资者们仍然需要跟踪 CLO 的动态来掌握这个特定市场的技术指标。公开披露的数据中常常没有关于 CLO 的资金数据，但是一般 CLO 资金活动都会发布声明，因为这与不同债券的市场营销相关。CLO（以及相关的 CDO 和 CBO）能够带来市场对借贷产品的长期需求。由 CLO 造成的借贷产品需求的上升是短期的，因为 CLO 为抵押贷款募集资金的时间通常相对很短。然而，有时你看到一两只 CLO 在市场中发行时，其他投资者也会追随其进场，因为 CLO 的发行表示当前市场环境有利于投资这类产品。近些年来对于 CLO 需求的增长已经成为了杠杆银行借贷市场增长的一个重要因素。

影响市场需求的其他因素

在需求端，不该忘记再投资对固定收益债券市场的影响，尤其是其对高收益证券市场。我们即使只观察某只较大规模的高收益债券基金（如一个 100 亿美元的基金），并且假设平均 8% 的票息和相对较低的 50% 再投资率，这也将造成每年 4 亿美元的新增需求。请记住，企业债市场是一个万亿美元级别的市场。所以这个例子告诉我们，即使市场中没有显著的新资金流入，仅依靠再投资也完全能制造出健康的需求水平。

其次，市场中还存在着去杠杆化的影响。许多仍未偿还债务的公司，尤其是那些身处高杠杆行业中的公司，都希望能通过偿还债务来逐渐降低自己的财务杠杆。这些用于偿债的资金可能来自于新股发行，或者公司通过自身运营、出售资产等产生的自由现金流。无论公司以哪种方式偿还债务，当这些债务被偿还后，原本持有这些债务的投资者有将所得的现金再投资的需求，从而为市场制造出更多的债券或者贷款需求。这种类型的需求一般在健康的经济周期开始时增加，或者在股市上涨阶段增加。

毋庸置疑的一点是，媒体广泛的关注和报道也会影响对某些特定资产的需求，虽然我个人认为这些媒体对股市的影响更大些。一些报道可能会大呼小盘股的股价过高，或者高收益债券的收益率太低。问题在于这些文章的信息来源质量本身就参差不齐，而且几乎每周都可以看到很多结论相反的意见。这类报道会暂时性地影响市场的技术面，但是这并不意味着这些传统的观点真的是正确的，特别是从长期的角度来看。但是如果要把自己手中的工作做到最好，那么这些影响因素也应该给予关注并做出分析。

虽然无论是供给还是需求的技术指标都很难做到精确监测，但是基于现有的可用信息源，获取翔实的需求端信息要相对更加困难些。

16 市场供给指标

通常供应方的信息往往比需求方的信息更便于监管和整理，但是这些可用的数据还远称不上完美。企业和承销商有时会在特定情况下公布融资计划，但是他们通常都对公布内容十分谨慎。某些情况下，公司在公告内容中可以公开的部分是受到一些条款严格限制的。

当企业的新融资计划（新市场供给）发布时，有时可能短时间内就能进入市场参与交易（甚至当天），而有时则需要一星期甚至更长的时间来完成销售工作。借贷一般会比债券有着更长的销售、定价和结算期，这其中的部分原因是由于缺少中间清算银行，并且整个流程所需要的文件也较多。

大多数供应方的新融资信息来自承销商，其中主要以各大投资银行为主。除了承销商手中的信息，信贷研究分析师从各大新闻中搜集来的与杠杆并购或者杠杆扩张计划有关的信息也都可以被添加到供应信息当中。但是，许多情况都可能导致这类计划出现延期甚至被取消。

市场中的新证券通常是由投资银行承销发行的，这其中包括债券和银行贷款。投行一般会公布一个未来融资办理日程，也可以说是潜在新债券和贷款的“库存”名单。这些名单同时包含了由他们自己承销的信贷以及其他投行承销的信贷，此外，市场中还有些新闻供应商也会发布类似的名单。由于受到各种规定和条款的限制，一些融资计划不能在融资未开始前就过于提早公布；同时还会有新融资会迅速进入信贷市场，而其他一些潜在融资计划可能会由于双方需求的变化或者融资公司发生了更改而被“撤回”，进而无法进入市场交易。在全部公开的融资日程中，投资者所能获取的信息往往出现变化，根本达不到精确的程度。

分析信贷供给的其他方法

我们可以通过多种方法把融资日程进行分解，从而帮助我们更好地分析市场中接下来潜在的新信贷供应情况对市场造成的影响。其中最普遍的一个方法是把融资所得资金按照用途分类，这样可以帮助投资者判断这些信贷是否会进入到交易市场中。

大多数情况下，融资日程中的新融资通常对价格变化十分敏感。因此当市场定价不如预期中具备吸引力时，这些融资就可能最终不会进入交易市场。此类融资通常是为了偿还现有债务进行再融资而发行的，因此现有债券的赎回会导致市场中需求出现增加。但是在某些情况下再融资发行的信贷必须进入市场，比如现有债务即将到期。一些再融资的出现是由于当前的利率环境相对于过去更有吸引力，公司进行再融资可以比已存债务节省利息开支，这一类型的再融资信贷证券正是市场敏感度最高的。而有时公司再融资则是因为公司的整体信用水平发生了极大变化（或者融资公司被一个信用质量更高的母公司控股），那么在这种情况下发行的再融资证券对市场的敏感度便不会很高。

当债务发行市场势头很强的时候，公司可能会考虑通过发债来回报股东。这类回报通常是以分红或者股票回购的形式完成的。以上原因发行的债务证券对市场价格的敏感性并不高，但是如果市场定价过低，这种证券也会放弃进入市场交易。

通常情况下，如果融资计划是为了给已经公布的杠杆并购计划或者其他运营项目筹集资金,那么就可以认为这些信贷一定会在未来以某种方式参与市场。当然，如果因为收购过程中发生了某些问题而导致整个收购计划的搁浅，那么这些市场供应就会消失。同理，如果市场环境发生了巨大变化，那么公司的某些运营项目也可能被取消，而这些债务也就不会再进入市场。

当公司为了一般性的目的进行融资时，我们很难简单地确定这些信贷是否会进入市场。这类债务所筹集的资金有各种不同的用途，而这些用途可能包括为了给公司增加资产的流动性，或者为了利用当前更低的利率环境，亦或是处于某些企业战略上的考虑。因此，这一类型的信贷最终是否会走向市场，还需要投资者进行更加深入的分析。

我们还可以通过许多其他方法来分析融资日程中这些潜在的新融资。通常新债发行在同一个行业成批地出现。这种供给压力可以迫使整个行业板块的证券重新定价。潜在的市场供给也可以根据风险类别来进行分析，也就是根据我们所说的证券优先级和评级情况进行分析。当我们已经根据偿债优先级或信用评级预期有债务将进入市场时，这样的供应增长一般不会像前文中的情况那样给不同风险类别的板块增加过大的价格压力，但它可以帮助投资者更好地把握当前市场中的风险承受水平。

通常两个对应市场中各项指标之间的差异也会对市场供给造成影响，最常见的情况出现在高收益债市场和杠杆借贷市场之间，以及美元市场和欧元市场之间。当借债方的需求和定价变得更强烈时，我们会发现许多公司都计划在贷款市场发行债务替代型债券，反之亦然。当然，公司在发行债务时必定会存在一些取舍，因为借贷是浮动利率结构，通常会有更多的条款限制，而且偿还期更短。这与一家欧洲公司同时发行美元和欧元债务所产生的替代效应相同。根据需求情况，公司的新融资可以让债务结算货币出现转换。一般来说，欧洲企业一般倾向于发行欧元债务以调整它们的资产和负债，并且规避了因对冲美元风险而产生的花销。

表 16—1 显示了我们应该如何展示新发行债券的信息，这种格式可以为使用者在做分析时提供便利。特别需要注意的是，表 16—1 最右端两列展示的“即将到期债务信息”可以帮助投资者们分析这些到期债务是否会与新发行债务的市场供给效果互相中和。

表 16—1　　未来供给预测示例表

一只新发行的债券供给概要说明								
（发行总额单位为百万美元）							相关到期债务	
公司名称	描述	到期年限	债券总额	贷款总额	发行时间	资金用途	债券	贷款
狮子有限公司	优先有担保	7 年	500	0	本月内	公司收购	0	0
	优先级	8 年	300					
老虎有限公司	优先级	10 年	500	300	本周内	再融资	500	300
棕熊有限公司	优先级	8 年	500	400	本周内	杠杆收购	300	200
	优先级	10 年	300					
	次级	10 年	200					
猎豹有限公司	优先级	8 年	200	100	本周内	公司运营	0	100
野狼有限公司	优先级	7 年	400	300	未来 2 周内	公司运营	0	0
总供应额			2900	1100			800	600
净供应额			2100	500				

定价过程分析

通过其他角度分析新发行的证券，也可以使投资者更加了解市场中的供求情况和即将发行的证券类型。尤其是通过定价、发行规模以及发行后的交易情况，投资者们可以得到市场走势强弱的信号，并且发现投资者们想要投资哪种类型的证券。

当新发行债券进入市场后，通常会先询价。询价过程一般会讨论发行公司和承销商将新债务以什么形式投放到市场中去。通常这个过程主要围绕着收益率和息差。

例如，某个制造托盘的公司想要在高收益债券市场中发行 4 亿美元的债务，那么该公司的承销商可能会在询价过程中给出 7.5% 到 8% 的目标收益率，也就是债券在未来发行后的到期收益率。或者，承销商还可以以息差的形式给出目标息差在 550 基点到 600 基点之间。然而息差报价通常在投资级债券的询价中更常用，新债券的收益率与无风险利率参照基准（也就是美国国债利率）相近。关于询价，有几点非常值得我们注意：经过询价得到收益率后，发行后债券常常会以这个利率作为票息，但是有时债券也会以更低的票息发行，在这种情况下，债券就会折价发行。比如，在上文的例子中，债券最终可能会以 7.25% 的票息发行，但是债券的实际发行价格不会是以 100% 的票面价格，而是会以 99.25% 的票面价格折价发行。这样一来，该债券的实际收益率就可以达到 7.5%。此外，询价信息一般不会在公开声明中出现。承销商、销售团队以及资本市场团队会将这些信息传达给所有潜在客户，所以询价信息一般很难从第三方信息供应商那里得到，除非有像彭博新闻社和路透社这样的新闻服务商报道了这些信息。有时官方询价会在新债券发布声明的同时就开始，而有的询价则会到临近债券真正临近实际定价时才开始。一般在公司招债书的数据中可以推测出先发债的预期利率，这也被作为早期询价的参考基准。此外，询价还可以参照该公司其他现存债务的收益率水平。

追踪、分析询价结果对投资者来说是十分有价值的。在一个强势的市场中，新证券的收益率会接近询价范围的底部附近，也可能更低。例如，在之前的例子中，如果实际发行时债券以 7% 的收益率、票面价格发行就属于这种情况。而在一个疲弱的市场中，实际收益率会接近询价范围的上限附近，甚至可能高于上限。很显然，当我们使用这些数据时，我们必须确保将实际发行的价格数据和官方询价结果相比较，并且这些数据需要使用同一种格式保存，如都用收益率或者息差的形式。

任何一种证券都有自己的特征或差异，这会导致实际发行价和询价结果出现不同，而且某些承销商的定价能力会高于其他同行。因此，开发出的系统在监测这些数据时，至少需要分析最近 10 到 20 笔交易的历史数据。此外，还需要排除那些总金额特别小的数据，比如 2 亿美元或者 1.5 亿欧元以下的交易，因为这些小额发行可能无法准确地反映出市场的真实需求水平。

尽管不如价格变动的波动大，发行规模的变化也是指示市场需求的指标之一。有时待售债券的数量会先于最终定价出现变化，它会因需求的变化出现增加或减少的情况。

在投资者和承销商之间的谈判中，还有其他一些不会在价格变动中体现出的因素也会对需求造成影响。其中最值得注意的一点就是债务条款的变化，或者赎回结构的期限出现变故。对于投资者来说债券条款得到了大幅改善，但是却不会体现在价格变动中。例如在前文的案例中，债券原本很难以 8% 的收益率发行，但是承销商和发行公司都不想以更高的收益率发行。为了说服投资者，以 8% 的收益率发行是合理的价格，发行公司可以将赎回的锁定期从标准的 5 年延长至 7 年，并且将债务的风险测试合格线从 2 倍利息偿付率[①]提高到 2.5 倍利息偿付率。这些条款上的变动都不会反映在价格的变化中，但却可以明显地看出目前市场对新证券的需求正处在较低的水平。

其他债券结构也能够暗示出市场中哪一部分需求最强，这其中的一个重要指标就是到期日。在高收益债市场中，多年来到期日为 10 年的债券一直十分常见。但是目前市场中债券的到期日却与发行公司本身以及市场需求相关，到期年限为 5、7、8、10 年期的债券都很常见。在投资级债券市场中，常见的到期年限范围会更大一些，从 20 年至 30 年不等，而借贷市场的到期日则相对较短。如果市场中新发行债券的到期日出现变长的趋势，则说明目前市场正处于牛市，而如果此时新发行证券的利率也趋向稳定或者下降，那么这更能说明市场正处于上升时期。

此外，融资日程中的待融资规模大小也可以作为一个判断市场强弱的指标。

---

① 利息偿付率测试（interest coverage test）是一种典型的债务条款测试。一般来说发行公司只有达到这些债务条款中的测试要求才能发行新的债务。通常利息偿付率测试是以 EBITDA/总利息支出作为衡量指标的。——译者注

虽然它的正确率不高，但是不断增长的待融资规模还是可以反映出市场表现走势的强势。当新融资被撤回并不再进入市场参与交易，同时待融资总额正在缩小，那么这通常表明市场走势正处于弱势。

投资者还应该关注新债发行的周期性。不难理解，在诸如 8 月、9 月的休假高峰期，待融资总额和新债券的发行势头会偏弱。当假期结束后，市场供给一般又会出现反弹。每年也有一段时间，各个公司忙于完成财务报表数据的整理与发布，因而不会将财务数据提前在债券发行文件中披露。

发行后交易

还有一个反映市场强弱以及对新证券的接受程度的重要的指标，就是新证券在定价和发行后的实际交易情况。如果新发行证券是债券，在大多数情况下承销商和发行公司都希望看到债券的价格出现稳步上升，比如上升 1~2 个百分点。如果价格下跌或者上升幅度过大，那么也能相应地反映出市场走势的强弱，或者债券的价格相对于市场需求是否合理。因此我要再次强调，在分析时最好能根据最近 10~20 次的历史数据来判断。

我认为，投资者择时分析证券定价也十分重要。投资者可以取证券发行当天或者发行后第一天的价格数据来分析，但是证券刚上市后的交易价格经常包含诸多干扰因素。通常在证券最初上市 1~2 周的时间后，证券价格才更能真实地反映出价格水平。由于市场中不少债券的交易流动性很低，许多基金经理只关注承销商在交易时的成交价格，因为主要承销商在证券发行初期提供了市场中的大部分流动性价格，随后投资者们就可以利用这些价格来进行分析了。

有时投资者还会特别关注一些超大市值或者可以被认作市场参照基准级别的证券发行后的交易情况，并以此判断市场走势的强弱。例如，如果新闻报道了一宗大型杠杆收购会给市场带来 50 亿美元的分期贷款和 30 亿美元的优先无担保债券，那么许多投资者就会关注这些领头羊债券进入市场中时所产生的影响。

市场中的供求情况还会被现有债务到期或者信用评级的变化所影响。正如前文所述，新融资经常是为了偿还现有的债务。有时这些新融资不会出现在原有的融资市场中，而是在另一个市场中出现（如杠杆贷款市场），取代原本身处的融资市场（如高收益债券市场）。这种情况减少了原市场的供给。信用评级公司对评级的升级或降级也会导致市场供给的转移。例如，大多数人把穆迪 BBB- 或标普 BAA 级以上的债券视为投资级债券，低于这个标准的视为高收益债券。那么如果某只曾被评为 BB 或 BA 级的债券由于一系列原因被升级成为了 BBB 级债券，理论上来说这部分的市场供应将从高收益债券市场中转移到投资级债券市场中。但是，这种类型的市场供给转移通常比新证券发行或债务到期所带来的影响更为平缓。大部分投资者都会在自己的投资组合中涵盖部分主要资产类别。此外，评级商一般在对证券提高评级时会遵循着循序渐进的原则，这样大市值的 BA 或 BB 级债券通常在完全被提高到投资级之前需要经历一年甚至更久的时间。但是偶尔也有特殊情况，比如事件驱动的信用级别变化往往会带来更快的市场供给转移。举两个因事件驱动导致信用级别产生突然变化的例子，比如某家发行了大量 B 级债券的公司突然被另一家信用级别为投资级的公司收购了，或者一个投资级信用级别的公司公布了一笔杠杆收购。在上文的例子中，市场供应会发生剧烈的转移，并且证券价格也会大幅波动。

供求关系对市场的影响

市场中所有供求关系的变化都会影响分析工作。在相对较短的时间内，供求情况的变化可以导致整个市场结构的改变，这会影响投资组合中的仓位管理以及资源配置。

市场的供求情况的变化会引起市场层级之间的转换，这一点也十分重要。请记住，在资本市场中人们常常会出现团体性思维：如果一种新的贷款结构十分成功，那么银行家们也会大力地向客户推销这种贷款；如果某个行业从未在高收益债券市场中发债，而如今出现了个别公司成功地在高收益债券市场中发行了债券，那么同行业中的其他公司也会竞相效仿。因此，在一个新发行证券十分活跃的市场中，市场的总体组成也会使市场发生巨大的变化。

有些时候，新信贷结构会掀起市场改变的浪潮，这些结构可能会包含许多新特征。通常这些新特征会最先在高收益债券和杠杆借贷市场中出现，如资产追回条款或实物交割债券等。在杠杆借贷市场中，我们同样在过去几年中见证了赎回保障和低门槛贷款合约（Covenant-lite）的发展。

某些特定偿还级别的债券会在一段时期内集中进入市场。公司为了更换贷款融资，可能会使以优先无抵押债券为主导的市场中涌入大量优先抵押债券，这种现象在同行业内的债券市场中最为常见和明显。

以上这些不同类型供求关系变化能够改变市场的风险结构，投资者们应该时刻关注这些变化，并在较长的时间周期内对其分析（我建议每半年或者一年分析一次）。这些变化可能会提高市场的波动性和市场的整体久期，你需要根据整个市场的变化来重新评估自己的投资策略。

结语

市场中的各种技术指标在短期内将对投资组合和交易仓位产生很大的影响，此外它可以影响买入和卖出的决定和时机，即使这些技术指标中所包含的信息并不十分精确，而且分析这些指标的过程就像东拼西凑般整理信息的碎片，但是这些指标在实际应用过程中还是十分重要的。

市场参与者们需要尽可能地密切关注市场中的供求情况，而且应该定期更新和分析供求关系数据，这可以极大程度地帮助市场参与者们做出合适的买入和卖出决定。近几年来，供求关系数据的地位和重要性已经产生了极大的提升。而在几年前，基金经理或者PE公司中没有专门负责资本市场的人才还很常见，而今这种情况已经出现了巨大改善。供求关系数据将会成为分析市场的利器，因此绝对不能忽略其重要性。从长期来看，技术指标对市场造成的冲击将更大，只有密切监测市场的走势以及市场中的各技术指标，我们才能在市场发生剧变之前做好充分的准备。

市场中很多投资者把择时当成首要策略。他们会关注各种技术指标，例如近期最流行的观测CDS指数、ETF，以及某些基金或货币经理人的数据来观察市场行为，一定会在某些时间里出现各个信贷证券之间的相关性很高，并且息差普遍低于其他历史平均数据的市场周期。在这些周期中，投资者们会产生只要跟随技术数据就可以做出良好的投资的感觉。但是从长期来看，信用质量才是最关键的核心问题。如果借债方无法支付他的债务，那么无论短期的技术指标看起来有多强劲，它都无法从长期的角度来支撑这笔债务。虽然我不主张长期投资者把进出时机作为他们的主要投资策略，但是我仍然相信无论是长期还是短期投资者，只要他们想取得最好的投资表现，就必须关注市场技术指标同时作出相应的反应，并且把这一过程作为做出投资决策的重要组成部分。从这个角度来讲，请记住，并不是所有数据都能对技术指标产生有效影响，因此在进行技术分析时，最关键的就是要把这些指标和信息清晰并有条理地组织整合起来。最后在根据这些数据做出决定时，千万不要随意听信谣言，或者过分相信自己的直觉判断。

即使你的团队专门致力于分析某个企业债市场中的供求关系，他们也需要同时对其他类似市场的供求数据保持关注。这些类似市场往往是你所参与投资市场的替代投资标的，因此供应和需求会在这些市场之间产生相互流动的效应。

DATA ANALYTICS FOR CORPORATE DEBT MARKETS

Using Data for Investing，
Trading，Capital Markets，
and Portfolio Management

第七部分

特殊工具

米兰达·陈

自21世纪初以来，许多与企业债相关的结构性工具和衍生品都在资本市场中取得了蓬勃的发展。只有深刻地理解好这些产品，才便于我们在进行数据分析时合理地使用它们。流动性债券指数是这些产品中应用得最广泛的，还有企业债ETF和信用违约掉期也都是企业债市场中流动性最强的证券产品。由于流动性较好，它们可以为投资者提供最及时、最直接的市场趋势和行情信息。然而，它们无法代表整个市场的表现。由于它们越来越多地被用于风险对冲和套利交易等原因，它们自身的技术指标会导致交易行情与市场表现有所区别。如果能了解这些方面的问题，就能有效地将其运用于分析工作中去。

17 流动性债券指数

我们已经在前文第四部分中讨论过，构建一个企业债指数来评估整个信用产品市场的波动是十分困难的。即使拿美国的股票市场举例，包含了 3 000 只股票的罗素 3000（Russell 3000）指数规模便覆盖了股票市场中的 97%；但是如果你想要覆盖住 95% 的美国企业债市场，那么你需要囊括超过 10 000 种投资级债券和超过 2 500 种高收益债券。而更困难的是资本管理人和投资者们必须要承认一个事实，即每天市场中只有 400 只左右的企业债，而其交易量却能超过 1 000 万美元。当然这其中还不包括杠杆借贷。这让需要市场基准的投资者们陷入了窘境：一方面是因为债券指数价格数据的滞后；另一方面，因低流动性的原因，债券的交易成本无法做出正确评估。

当代企业债指数相较于股票市场指数还是相对年轻、不够成熟。雷曼兄弟在 1973 年创造了第一只基于总收益的企业债指数，该指数按月计算一次票息和价格收益。然而直到 1986 年，首个按日计算的债券指数才诞生。

什么是流动性债券指数？为什么要投资它

企业债指数的一个普遍问题是，投资者实际上无法拥有该指数所包含的所有证券。组成指数的主要债券的流动性都比较低，而且直接在市场中购买超过 4 000 种投资级债券或者超过 2 000 种高收益债券也是一件十分困难的事情。一般来说，投资者也偏向于投资高流动性债券，而不是那些难以买卖的证券，如那些一周才交易一次的债券。为了满足大部分投资者的需求，卖方证券机构在 2000 年后创造了可投资的高流动性债券指数。这些指数的目标是反映那些市场中流动性强的债券交易情况。但是，由于很难在事前知道某只债券的流动性是否好，指数的构建者们必须事前运用一些客观标准来评估它，这些标准包括债券总发行规模及发行管制年限。

举例来说，目前市场中有两个常用的流动性债券指数——分别是巴克莱高收益流动债券指数（Barclays Liquid HY Bond Index，前身是雷曼）和 MarkitiBoxx 美国高收益流动债券指数（MarkitiBoxxLiquid US HY Bond Index）。它们都要求所包含的债券必须都是在 5 年内发行的，并且总规模分别不小于 5 亿和 6 亿美元。此处设置最低规模，是由于市场中规模大的债券一般要比规模小的债券流动性更好。而对发行年限设置限制，则是因为通常距离发行年限较久的债券最终可能变成了锁定投资（locked away）。也就是说，投资这些年代较久远的债券的投资者目的很可能是为了将债券持有到到期日。

流动性债券指数相对于常规指数的优点与缺点

相对于使用常规指数，使用流动性债券指数的优点是那些附加的限制，如规模大小、发行年限、发行公司规模等。这些标准创造了一个更窄的债券选择范围，这个范围内的债券可以反映市场中适合交易和投资的部分。

许多固定收益投资组合的基金经理会使用公开交易的固定收益证券指数来作为收益基准，如巴克莱综合债券指数（Barclays Aggregate Bond Index）。这些投资者想要把自己的投资组合跟这些指数相匹配，因此就会购买并持有这些指数中所包含的一些现金证券。显然，如果投资者要自己一点一滴从零开始构建自己的投资组合，那么根据流动性债券指数，他们可以在更短的时间内找到所需标的，并且投资者们会发现，在新债券被纳入指数而某些债券被剔除时，也许由于指数的评级标准限制，投资者们能更容易地根据指数的改变重新调整自己的投资组合。规模更大以及发行年限更短的债券意味着更有可能易于交易，并拥有更低的交易成本。

重要的一点是，我们将在第 19 章中所讨论到的由贝莱德（Blackrock iShare）和道富环球资产管理公司（State Street Global Advisors）发行的 ETF 与这些流动性债券指数挂钩，这些可以增强那些组成流动性指数债券的交易频率，让这些债券成为整个企业债市场中流动性最强的证券。

围绕这些可交易的指数和 ETF，一个全新的分析领域已然形成。由数据分析驱动的量化交易公司和卖方银行都试图预测哪些债券会被新加入指数，而哪些会被剥离出指数。由于 ETF 是以这些指数为基准构建的，因此在新债券加入或被剥离出指数时，债券本身也会出现相应的买卖操作交易。有时这些买卖委托单数量会十分庞大，并且会在短期内受 ETF 造成的供需影响而主导债券走势。例如，大多数高流动性指数要求债券的总规模高于某个最小值（比如 5 亿美元）才能留在指数中。如果一只新发行的债券规模高于这个标准，那么这只债券将会被纳入指数中，ETF 便很可能会购入这只债券。因此作为一名投资者，了解主流企业债 ETF 的规则是很重要的，这样就能知道一只债券在被纳入高流动性指数时，它的交易动态将会出现哪些情况。

流动性债券指数的一个关键不足是其数据历史较短。比如说，虽然巴克莱高收益流动债券指数的数据最早可以追溯到1986年，但是该指数在2002年才开始正式公开发行。所以如何选择你的市场参照基准，是由你的投资组合的“年龄”来决定的。如果你的投资组合的历史在10年以上，而你又想用流动性债券指数作为你的市场参照基准，那么对于2002年之前的数据，你需要去使用那些包含标的更广、流动性更差的指数作为基准。

在表17—1中，我们以典型的美国高收益债指数和高流动性指数之间的一些规则和筛选标准做对比供你参考。虽然流动性债券指数在追踪广义指数时，有着更高相关性和极小的误差，但是在构建高流动性指数所需的债券种类却少很多。

表17—1 美国高流动指数与高收益债指数对比

参照基准指数	美国高收益债券指数	美国高流动性高收益债指数
指数规则		
发行人规模	很低，或者没有限制	每个发行人只取发行规模最大的2~3只债券
债券总规模	一般高于1亿、1.5亿或2亿美元	高于5亿美元或更高
到期年限	1年以上直到最终到期	距离最终到期日大于1年，并且必须是在最近5年内发行的债券
信用评级	一般选择穆迪、标普、惠誉等主要评级商中等评级以上的债券	规则相似
排除板块	非企业债、结构性票据、拥有权益类性质的债券（如可转债等）、欧元债券、违约债券、私人配售、浮动利率债券、新兴市场债券，以及其他非美元债券	规则相似
包括板块	固定收益率的可赎回或可卖出企业债券、144A证券、零票息债券、实物交割债券，或固定收益转浮动利率永久债券以及固定收益转浮动利率结构债券的固定收益时期	规则相似
违约债券	通常会排除	规则相似

你可能会有这样的疑问，既然广义指数和限制条件更多的流动性债券指数之

间的区别很小，那么我们为什么还需要高流动性债券指数？如果你是一名持有较大规模债券的投资者，又很难介入到小规模债券的交易中，那么你会发现随着时间的推移，你的收益表现将落后于那些包含更广、流动性更低的债券指数。根据分析，我们发现规模较小的债券（少于 3 亿美元）的投资表现更好，因为发行公司要为投资者所承受的额外风险做补偿，也就是所谓的流动性溢价（liquid premium）。除此之外，由于交易量更小，小规模债券的定价更有可能不如其他债券准确，这会导致这些债券在某些时期会在同一指数中拥有更低的波动率。当然，我们在这里对波动性的衡量并不是基于实际交易。所以这种情况下，作为一名基金经理，你的投资组合在风险调整后的收益往往会落后于你的市场基准。

18 信用违约掉期与指数

投资者用于衡量企业债市场的其他工具

企业债市场的参与者长期以来都被市场流动性的问题所困扰。自2008年金融危机以来，经纪公司业绩的逐渐下滑更进一步加深了这一问题。在现金债券指数以外，投资者、基金经理、资产管理者以及交易员们还在通过其他工具来密切地关注企业债市场的总体走向，这其中包括：

- **CDS（Credit Default Swap 信用违约掉期）指数**。具体来说，是CDX投资级和CDX高收益债券指数；
- **ETF**。具体来说，一般是指贝莱德和道富环球资产管理公司的投资级和高收益债ETF。

当你读到本章时，你可能已经发现，在实际市场中大部分的企业债和借贷市场不是每天都交易的，因此市场参与者需要找到其他工具来分析整个市场的变动，并评估这些变动会给自己的投资组合带来怎样的影响（也就是计算Beta）。还有一些投资者认为，由于这些ETF和CDX产品的交易量和交易频率很高，因此产品的价格可以在任何时间都能很好地反映市场总体的可交易价格。由于企业债市场的流动性有限，许多市场参与者将各个 ETF 和 CDX 作为快速调整他们手中投资组合风险的唯一方式。其中 CDX 高收益债指数的交易量可以达到现货市场的 3 至 5 倍（详见表 18—1），这使得 CDX 指数成为市场中机构投资者用来快速改变他们手中仓位对市场敞口的最快渠道之一。虽然投资这些工具并不是直接投资企业债市场，但是许多机构投资者依然选用这些工具来平衡他们投资组合的持仓和风险。

表 18—1　　高收益流动性对比

	ETF	高收益债现货市场	CDX 高收益债券指数
每日成交量	3 亿 ~5 亿美元	50 亿 ~70 亿美元	200 亿 ~300 亿美元
日成交量占现金市场总规模的比重	0.05%	0.50%	1.50%

什么是 CDS？什么是 CDS 指数

CDS，又称为信用违约掉期或信用违约互换。它是被设计用来保护贷款方在借款方发生违约时不用承担该损失，一方通过定期支付一定金额来将违约风险转嫁给对手方。理解 CDS 的一种方法就是可以把它看作是债券的保险，其中 CDS 买方从卖方购买针对特定债券的保险政策，而卖方则保证当该债券的发行者违约时，如未能支付利息或者申请破产，为买方担保损失。CDS 的买方通常在 CDS 合约有效期内（一般在 5 年以内）定期支付费用（一般是每季度支付一次），并且在违约事件发生时，CDS 的买家会收到卖家的一笔跟合约票面金额相等的赔偿，同时买家把持有的违约债券交割给卖家。其中重要的一点就是，买入 CDS 合约或者 CDS 指数就相当于卖出风险，而卖出 CDS 或者其指数就相当于买入风险。图 18—1 展示了 CDS 买卖双方的支付图解。

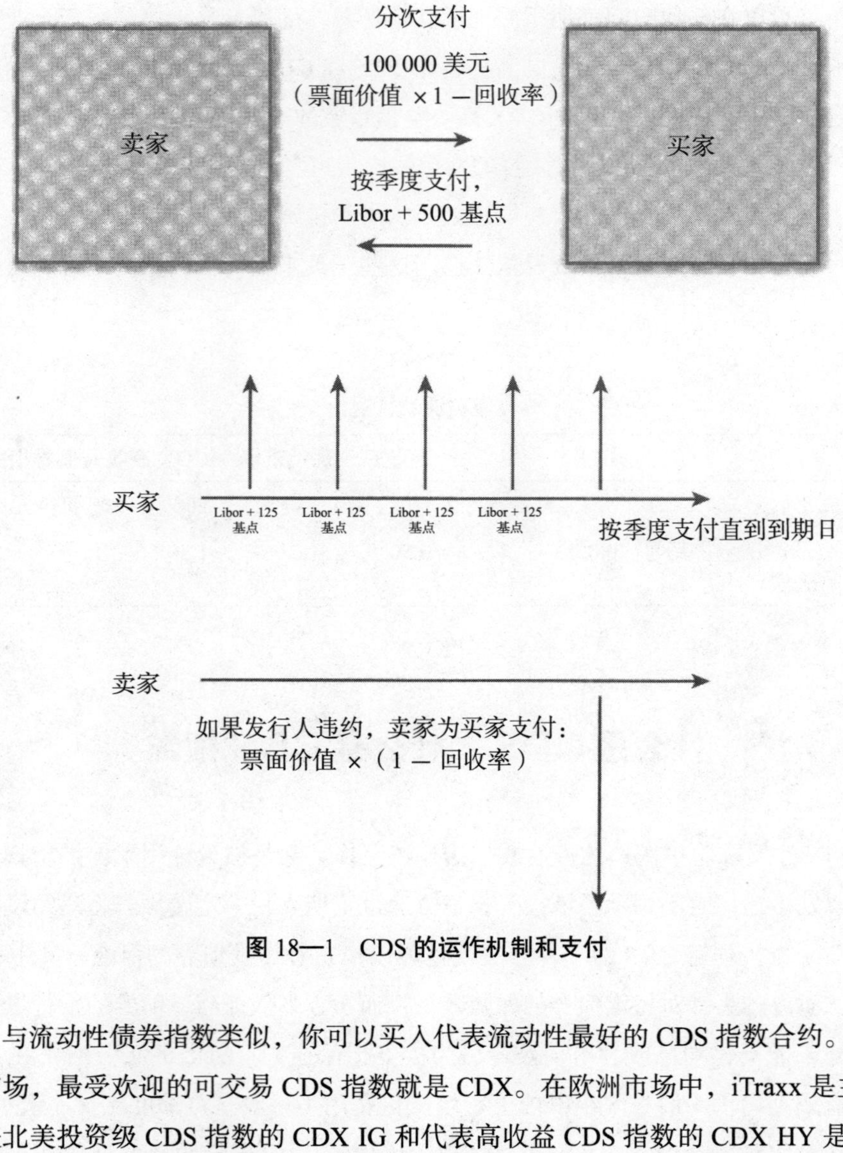

图 18—1　CDS 的运作机制和支付

与流动性债券指数类似，你可以买入代表流动性最好的 CDS 指数合约。在美国市场，最受欢迎的可交易 CDS 指数就是 CDX。在欧洲市场中，iTraxx 是主流。代表北美投资级 CDS 指数的 CDX IG 和代表高收益 CDS 指数的 CDX HY 是市场中交易最活跃的。欧洲投资级 CDX 指数被称为 iTraxx Europe，高收益系列指数为 iTraxx Crossover。息差条款如投资级 CDX、iTraxx Europe、iTraxx Crossover 常被使用做保护条款。当你买入投资级 CDX 时，你便买入了保护条款。与此同时，高收益 CDX 被认为是风险条款，买入高收益 CDX 则为自己长期仓位增加了风险。

如今，市场中除了贷款人和银行外，还有越来越多的市场参与者想要购买违约保护，如对冲基金、资产管理者、保险公司以及银行等都可以自由地使用 CDS 来投机或对冲公司风险，或者用 CDX IG 和 HY 对冲整个投资组合的风险。

CDS 的交易是场外交易（OTC），这意味着 CDS 不在交易所挂牌交易。在合约被交易之前，合约双方必须达成标准化的掉期协议。这一协议标准也称作 ISDA 协议，它是由国际掉期和衍生品协会（International Swaps and Derivatives Association，ISDA）制定的，它为交易制定了法律框架。

在过去几年中，CDS 合约和制度越来越走向标准化。在 2008 年金融危机后，由于市场监管的加强，这一进程也被大大加快了，每份 CDS 合约都具备一些这样的详述。

- **标的实体。**标的实体指 CDS 合约所保护的债务发行公司。
- **标的债务。**标的债务指 CDS 合约所要保护的债务，即标的债券或者贷款。虽然这里所说的债券不是该实体发行的唯一可以交割的债券，但是却指所有可交割债券中偿债优先级最低的那一只。
- **到期年限。**到期年限规定了 CDS 合约的有效期，通常为 5 年。当然大多数经纪公司会供应最长达 10 年的 CDS 合约。
- **票面本金。**票面本金指合约的金额大小。
- **信用事件。**这部分规定了触发 CDS 赔偿的标准。在美国市场中，CDS 在交易时一般用“硬违约”（hard default）语言规定信用事件，也就是说标的实体只要错过了一次票息的支付，或者申请了破产保护的话就会被判为违约。但是在欧洲市场中，CDS 中的信用事件则用“软违约”（soft default）来规定，所以即使是公司重组也会被判为违约。
- **票息。**票息指购买这个合约每年要支付的溢价。在 CDS 中，这一数值使用基点来表达。一般对于投资级公司来说，该溢价是 100 基点。而对于高收益公司，则溢价是 500 基点。

虽然这些触发 CDS 违约的事件都被定义得十分清楚，但是实际过程中，CDS 的双方通常都会把这些信用事件提交到 ISDA 来进行投票，以对 CDS 进行竞价和结算工作。所以如果你购买了针对某一公司的 CDS，而该 CDS 的信用违约事件真的被触发，那么你必须等待几个星期才能得到赔偿。

理解 CDS 定价——息差和价格

当标的实体是非问题性公司时，其 CDS 是以息差为基础报价的。这一息差代表了买卖该 CDS 所花费的实际年化费用。CDS 中息差越高，就意味着投资者认为该公司的风险越大，其违约的可能性也就越高。该合约息差的计算方法是将违约概率乘以债券的违约损失率得到的。例如，一份一年期 CDS 合约上的息差为 100 基点，这暗示了该债务有 1% 的损失率（假设为 1.67% 的违约概率以及 40% 的回收率，即损失率为 60%）；而 300 基点的息差在 40% 回收率不变的情况下则意味着 5% 的违约概率。诚然，公司的违约概率不会每年都保持不变，一般来说违约概率会随着时间增长而增加，因此 CDS 曲线一般是上升曲线。虽然交易 CDS 时实际的票息是固定的，但是通常为了补偿后期的风险，有的 CDS 卖家会提前收取一定的利息。CDS 交易员在确认这一预收利息大小时常用的筛选系统是彭博 CDSW 专业版（Bloomberg Professional CDSW）。

投资级和高收益 CDS 都会以息差报价，投资级 CDS 的息差一般在 100 基点左右，而高收益 CDS 则一般达到了 500 基点。但是对于问题发行人来说也有例外，它们的 CDS 一般是以预付利息来报价的。在这个报价中投资者一般会假设 CDS 票面的息差为 500 基点，并且支付卖家所给出的预付利息来买入合约（可以在彭博 CDSW 系统的左下方数据栏中找到）。

在给 CDS 估值时，提前决定约定回收率是一个十分关键的环节，因为合约上的约定回收率代表了该公司违约后 CDS 的价值，从而影响违约后你投资的现金流收入。自 2009 年以来，为了交易方便，市场惯例都以 40% 作为约定回收率。在公司违约实际情况发生后，由拍卖过程决定 CDS 的最终价值。

CDS 指数是如何构建的

到目前为止，我们讨论过了针对单一证券的 CDS 的原理和结构。而 CDS 指数就是包含了诸多单一证券 CDS 的组合，我们能从中看出整个大盘的变化。当 CDS 指数在 21 世纪初刚开始被交易时，市场中的卖方金融公司都在激烈地竞争，它们想要自身成为市场的参照指数，就像标普 500 指数在股票市场中的地位一样。在整合和斗争之后，最终 Markit Partner 公司成为了如今市场中唯一一家提供高流动性 CDS 指数的基金公司。其中 Markit CDX 北美投资级 CDX 指数（Markit CDX North American Investment Grade CDX Index）由 125 只 CDS 组成，而 Markit CDX 北美高收益级 CDX 指数（Markit CDX North American High Yield CDX Index）则由 100 只不同的 CDS 组成。目前，这两个指数基金已经成为了美国 CDS 指数基金的行业标准，而该公司在欧洲推出的 Markit iTraxx Europe 以及 Markit iTraxx Crossover Indexex 也成为了欧洲企业债 CDS 的主要指数。

当前指数系列基金中包含了 3 年、5 年、7 年和 10 年到期日的 CDS。指数合约每 6 个月变更一次，具体来说就是在每年的 3 月和 9 月都延长或变更组合中的 CDS 到期年限（截止撰写本书时，CDX HY 指数已经更新了 27 次）。每次更新时，CDX 和 iTraxx 指数基金中的成分 CDS 将根据信用事件重新进行平衡调整，这些事件如公司合并、收购、违约以及信用评级的改变等，不再符合纳入指数资格的成分证券将被移除出指数，它们可能转而纳入其他合适的指数中。例如，一家公司的信用评级被升级为投资级，那么该公司的 CDS 将不再符合 CDX HY 的标准，并且会被移出指数；如果该 CDS 信用升级后符合 CDX IG 的标准，则将转而被纳入 CDX IG 指数。

CDX 指数中应该包含着市场中流动性最好的 CDS。当一个成分 CDS 被移出指数时，指数会根据流动性新纳入另一只 CDS 来替代它。纽约的存管信托清算公司 DTCC 会把所有的 CDS 一起结算，并在指数合约更换之前发布一份半年报告。这份半年报告中会根据评级，分类列出那些交易最活跃的 CDS。为了避免换月当天交易量和换手率的突然飙升，新符合指数标准的成分 CDS 通常会在有成分 CDS 被移出指数时才会被纳入指数。在 2013 年 3 月之前，成分 CDS 的添加和移除是通过一家经纪公司事先设置好的交易池来完成的，但是为了达到在期货交易所中交易的目的，整个流程已经发生了一些改动，并增加了更多的规则。

从 CDS 价格定价和偏离中我们能检测到什么

当现货指数上升时，CDX 指数通常也会跟着上升。当现货市场上升时，CDS 的息差和现金市场中证券的息差都会收紧；而反之，当现货市场走弱时，CDS 和现货市场中证券的息差都会增大。然而，CDX 指数只能反映出违约风险和风险溢价。其他存在于现货证券市场中的风险，如流动性风险和利率风险并没有被 CDX 指数所体现出来。此外，现货市场和 CDX 指数的 beta 也是不同的，其中一个指数可能长期跑赢或跑输另一个指数。图 18—2 说明了这一现象。该图对比了 CDX 高收益指数的息差和一般现货高收益指数（cash HY）的息差，你会发现，虽然 CDX 指数和现货市场之间的相关度很高，但是 CDX 指数的变化速度更快，并且有时甚至与现货市场的波动方向相反；这是由于在现货信贷市场中，多元化的市场参与者会对市场施加各种不同的买、卖压力。由于 CDS 只反映违约风险和风险溢价，有时候 CDX 指数也会比现货市场指数更具有弹性。例如，在 2013 年 5 月和 6 月期间，市场中有一波因利率上升引起的抛售。在这段抛售期间，HY 现货指数和 CDX HY 指数的息差都大幅上升。但是由于 CDX HY 指数对利率相对不敏感，一旦投资者在抛售后意识到，这次抛售只是利率上升的预期，而不是经济的下滑引起的（经济下滑会导致违约风险上升），CDX HY 指数就会比 HY 现金指数息差回调得更快。

指数交易价格（市场中的实际交易价格，以息差计）和公允价值（将指数的成分 CDS 的交易价格加权求和得到的价格，以息差计）之间的差值就是我们所说的指数偏离（index skew）。指数偏离中包含了市场动态的许多信息。例如，当 CDX HY 指数的交易价格大于公允价值，那么指数就被称作溢价交易（trading rich），这意味着当前投资者对高收益证券的风险承受能力很强，因为更高的价格表示投资者渴望增加投资的风险，并且支付更高的价格来持有 CDX 指数。另一方面，如果情况相反，那么我们称之为“折价交易”（trading cheap），这通常表明当前投资者对风险的承受能力较弱，并且经纪公司愿意以更便宜的价格出售 CDX 指数。其他市场因素也会导致指数溢价或折价交易，例如投资者对其他市场有着很强的对冲需求（可以参考后面的“Maiden Lane Ⅱ案例”），这些都会在偏离中反映出来。因此偏离一直是衡量市场中投资者情绪的重要指标。当投资者在关注某个 ETF 的价格是否高于或低于净资产价值时，也会用到类似的分析指标。我们将会在第 19 章中详细讨论 ETF 的问题。

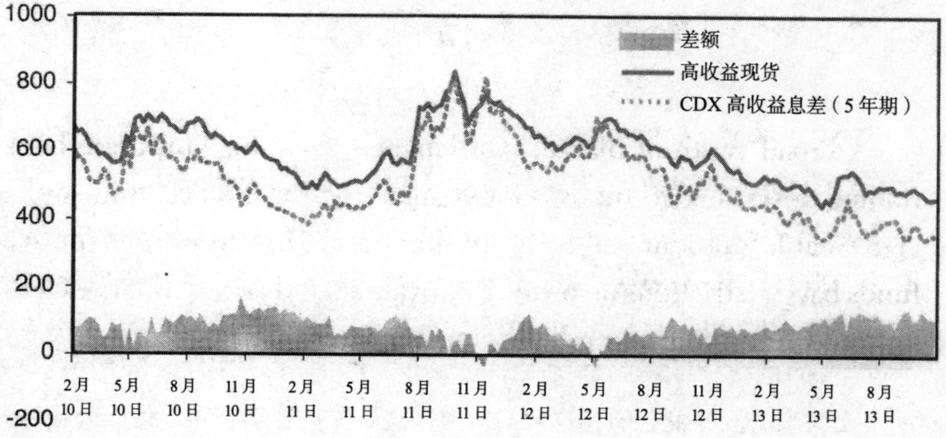

图 18—2　高收益现货与 CDX 息差之差

市场中有哪些参与者

自从 CDS 指数从十多年前被引入市场后，该指数在信贷投资中的地位和重要性便迅速崛起。目前，CDX 指数是投资者用来改变自身在信贷市场中仓位敞口最快捷的方式。此外，CDX 还能提供极高的流动性和更低的买卖价差。目前市场中每周有超过 700 亿美元交易量的 CDX IG 指数和 200 亿美元交易量的 CDX HY 指数，这两只指数成为了企业债市场中流动性最强的证券。两者最近的成交金额如图 18—3 所示。

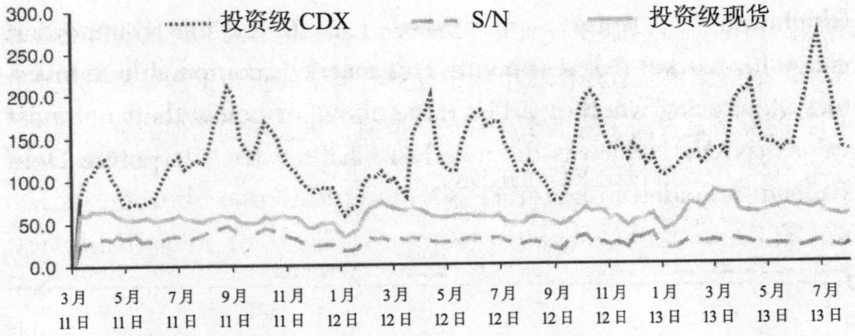

图 18—3　CDS 与债券现货流动性的比较

市场中的各种投资者，包括投行的交易部门、对冲基金和主权财富基金，在 CDS 这一领域的表现都十分活跃。不过大多数共同基金在持有衍生品方面都有限制，因此不能通过 CDX 指数来对冲，或者对投资组合进行平衡。

投资银行的交易部门是投资者之间的媒介，它可以作为中间人来平衡客户之间的买卖需求。投资银行的客户包括对冲基金、资产管理公司、保险公司以及主权财务基金。大部分交易部门都不会持大量的过夜仓位。存管信托清算公司 DTCC 会发布经纪公司在各个指数上的日间交易量和所持有的过夜仓位净值，我们从这些数据中会发现，经纪公司一般在日间的交易量大约是过夜仓位的 3 到 5

倍。即使你的团队在 CDS 市场中的表现并不活跃，这些报告对分析市场的行为和走向也十分有价值，因为这些经纪公司的交易部门往往是市场中最活跃的。尤其是在高收益债市场中，我们可以说 CDS 市场的交易金额和走势更多地代表了市场中的策略型投资者，而这些非长期投资者的市场投资者才是真正可以影响短期内市场走势的群体。

当投资银行的交易部门需要对冲他们的风险时，就会向投行间经纪公司（interdealer broker）寻求帮助。这些经纪公司是大银行之间（如摩根大通、高盛、美国银行、巴克莱以及瑞士信贷等）的交易媒介。

投资者可以通过指数与银行进行交易，而且可以快速地调整投资组合中的仓位。例如，当资产管理公司需要管理新客户的 2 亿美元退休基金时，资产管理经理在构建投资组合时可以卖出 CDX IG 指数（卖出保护，做多风险）。因此这名经理实际上通过 CDX 指数进行一次 2 亿美元的交易，拥有了一个多元化的公司信贷敞口，并且在交易时只为买卖价差支付了 0.5 基点。而如果单独购买 100 只 200 万美元的债券，其买卖价差则会达到 5 到 10 基点。如果该经理想要减少风险，或者他认为市场的波动性将会在未来一个月上升，但是又对自己的债券组合和仓位很有信心，那么他就会通过买入 CDX IG 指数来对冲投资组合的风险，而不用去卖出自己组合中的债券来增加自己的现金仓位。况且，这种直接进行买卖的交易其买卖价差会达到 5 到 10 基点。当然，这种投资 2 亿美元的方法不一定在任何时间对所有人都适用。在本案例中，客户的退休金并没有直接投资于债券市场，而是投资于衍生品指数。退休金也需要多元化投资，可能通过不同基金经理投入到投资级债券中。退休金的 2 亿美元可以通过直接投资的方式达到多元化的目的。

固定收益市场中来自于其他领域的新投资者们，如衍生品违约估值部门和房屋抵押贷款交易部门为了减轻资本监管的压力或对冲投资风险，也都在逐渐涉及 CDX 和 iTraxx 指数的交易。这一因素有时会影响市场行为，因为这些市场参与者有可能表现得像 ETF 买入特定证券那样，它们会建立庞大的仓位，并且对短期价格变动不敏感。

Maiden Lane Ⅱ案例

这是一个发生在 2011 年 5 月到 6 月期间的十分有趣的案例，通过这个案例我们可以体会到分析 CDX 产品数据的重要价值。在此期间，美联储开始拆解风险较大的房屋抵押贷款的投资组合。这些贷款组合是在 2008 年金融危机期间为了援救那些处于危难的公司而从 AIG 公司收集的，也被人们称之为 Maiden Lane II。经过华尔街机构和纽约联储分析后，他们发现该组合包含非政府担保住宅抵押贷款支持证券，总额高达 200 亿美元。当各大华尔街银行的房屋抵押贷款交易部门正忙于应对对冲联储的贷款组合拆解所带来的风险时，他们开始大量买入 CDS 保护合约（如 CMBX 和 ABX）来保护他们的投资，最终大大提高了 CDX HY 指数的流动性。这一举动造成了 CDX HY 在 5 月和 6 月期间明显弱于其他市场。此举还波及了高收益债券现货市场，因为人们担心 CDX 指数的走弱是否预示了新一轮的经济下滑。

CDX 概要及其局限性

每周市场中都有超过 700 亿美元的 CDX 投资级和 200 亿美元的 CDX 高收益指数参与交易，因此这两只指数基金成为了投资级和高收益市场中规模最大并且流动性最好的证券。由于这两个指数基金在市场中的表现如此活跃，即使非活跃投资于企业债市场的交易员和投资者也会密切关注这两个指数每天的走势。指数的离差也可以帮助投资者把握市场的风险承受能力。由于这两个指数基金比现货债券的交易更加频繁，这使它们成为了一种极佳的用于增减投资组合风险敞口的工具，并且它们在发掘市场情绪转折点时也十分有用。当市场处于转折点时，你会发现这两个指数要比市场其他产品更早发生方向上的转折。

我们在前文中讨论了市场中 CDX 指数的众多参与者，比如这些参与者中还包括通过数学模型套利的对冲基金这类短线投机者。这类投资者会造成指数出现很多难以用国债或标普指数等解释的波动。此外，由于市场参与者的范围已经从信贷投资者扩展延伸到了如机构的衍生品违约估值部门和房屋抵押贷款部门，他们的对冲需求可能与其他传统市场参与者有着很大的不同。这种不同可能会扰乱市场中许多投资者所仰赖的“技术指标”。前面所讲到的 Maiden Lane Ⅱ案例展示了房贷的风险对冲是如何触发 CDX 高收益指数的走弱，以及如何与其他市场走势脱节。因此，虽然 CDX 指数与现货信贷市场相关度很高，CDX 指数仍然会比现货市场波动得更快。由于指数中不同背景的投资者带来的日间买卖压力，指数可能会出现与现货市场不同步的走势。

19 企业债 ETF

什么是 ETF

ETF 是一种投资工具，它结合了共同基金的投资组合多样化、股票日内交易的流动性、交易成本及持仓情况的透明特性，以及低税收等一系列优点。许多股票类 ETF 在已经过去的几十年中变得十分流行，像 SPY、QQQ、IWM 等。每天数亿美元的交易金额使它们成为了主流媒体关注的焦点。固定收益证券 ETF（fix-income ETF）在 2002 年被引入市场，并且在最近几年发展十分迅猛，其资产已经从 2007 年的 200 亿美元发展到了 2013 年的 2 000 多亿美元。信贷 ETF（Credit ETF）是其中发展最迅速的一部分，其中投资级和高收益证券的 ETF 已经占到整个固定收益 ETF 总资产的 40% 左右。

第一种看待 ETF 的方式就是把它看做一笔债券资产，该债券可以让你投资一个多元化的投资组合，而只需要支付与直接购买同样组合相比很小的一部分交易成本。信贷 ETF 在 2002 年刚刚引入市场时产生了革命性的效果，这是因为散户投资者第一次看到了一个多元化、可交易的投资级债券与高收益债券组合的实时报价。在信贷 ETF 出现之前，投资者们可以买卖债券现货，也就是那些面值为

1 000 美元的债券。但是由于这种债券最低交易金额对于散户来讲太大，而对于机构投资者来说又太小，因此散户投资者们如果希望获得企业债的仓位，那么就需要支付更高的交易成本，或是通过投资共同基金来持有企业债券。随着第一个信贷 ETF——iShares iBoxx 美元投资级企业债 ETF（证券代码：LQD）和第一个高收益债券 ETF——iShares iBoxx 美元高收益级企业债 ETF（证券代码：HYG）的出现，这些 ETF 股票的价格对于投资者来说非常便宜（甚至几美分），这可以使散户投资者有效地达到参与市场的目的。他们的交易成本也很低，并能实时交易。

第二种看待 ETF 的角度就是把 ETF 看做一只共同基金。这只共同基金密切跟踪着一个不能直接投资的指数，而该基金又可以参与日内交易。例如，ETF LQD 是以 Markit iBoxx 美元流动投资级指数为参照的，而 ETF HYG 是以 Markit iBoxx 美元流动高收益债券指数为参照。这两种 ETF 与一般的共同基金不同，很多共同基金只提供收盘报价，要求投资者在开盘之前提交申赎申请，甚至投资者在申购、赎回时还不知道确切的价格；而 ETF 是在股票交易所交易的，不但能提供完全透明的实时买卖报价，而且买卖价差相差不大，通常小于 0.05 美元。

总体来说，ETF 之所以成长如此迅速，其原因是包括以下几个优点。

- **良好的日内流动性。**ETF 可以通过二级市场向投资者们提供良好的日内流动性。这点是指数共同基金所无法提供的（共同基金只根据每日的收盘价撮合交易）。而封闭式基金相对而言流动性也要小得多，而且十分有限。
- **节约成本。**如果投资者想要增加信贷市场的仓位，购买 ETF 是一种十分节约成本的方式，因为在二级市场中，ETF 的买卖价差只有几美分。这与直接购买相应债券形成了鲜明对比，因为直接购买债券通常会有 0.25 到 0.5 美元的买卖价差。ETF 的成本比率可以比费用最低的共同基金还要低。例如，Barclays iShares 美元投资级企业债 ETP 的管理费用是 15 个基点，而富达中级债券基金（Fidelity Intermediate Bond Fund FTHRX）的管理费则是 32 个基点。

- **多元化。**当前的投资级（IG）和高收益（HY）ETF 一般持有 500 到 1000 种债券，因此投资者在购买 ETF 时，他所进行的投资立刻就会变成一个高度多元化的投资组合。
- **对冲功能。**卖出或卖空 ETF 是一种对冲投资组合风险的有效方式。由于 CDX 只包含 100 到 125 种债券，以它作为标的其代表性可能不够好。
- **行政简化。**投资者可以仅仅通过一个电子交易平台就能购买一个多元化的债券投资组合，而不需要通过几百次交易来构建相同的债券池。

当然 ETF 也有一些缺点。购买 ETF 会使投资者们减少，甚至不实行积极的仓位管理。投资者们在选择债券时所进行的信用分析越来越少，是由于投资者在购买 ETF 时，不需要做过多的选择，而 ETF 所包含的债券也只需要服从 ETF 的筛选规则即可。当市场的波动很剧烈时，投资者们会感受到这种波动所产生的强大冲击，因为 ETF 的价格变动总是趋向于市场的同一方向。在这种情况下，ETF 的回报就会时好时坏。此外，ETF 的投资组合可能对某些资产的兴趣较低，所以当投资者们在投资该 ETF 时，也有可能买到一个多元化不高的投资组合。

ETF 的构建机制

如果你想投资信贷 ETF 现货，那么你需要经过一个授权经纪公司（authoried participant）。这个授权经纪公司通常是投资银行，它会交割或者接收当天 ETF 想要买入或卖出的一篮子债券。这种创建或赎回 ETF 股份的方法就叫做实物交割。与之相反的是现金交割 ETF，这种 ETF 可以直接换取现金。不是所有市场参与者都倾向于交易实物交割 ETF，特别是小型投资者，因为他们很难处理掉相应标的债券。投资者们不要把 ETF 股份的创造和赎回过程和 ETF 在二级市场中的交易过程相混淆。投资者们仍然可以在交易所中对这些 ETF 进行买卖，而且 ETF 产品有着充足的流动性。

图 19—1 详细描述了基金的创造和赎回原理，并介绍了这一过程中所有涉及的市场参与者。需要注意的最重要的一点是，ETF 基金经理们在创造或赎回 ETF 时，各种债券的买入和卖出行为本质上是由 ETF 的投资者负责的。

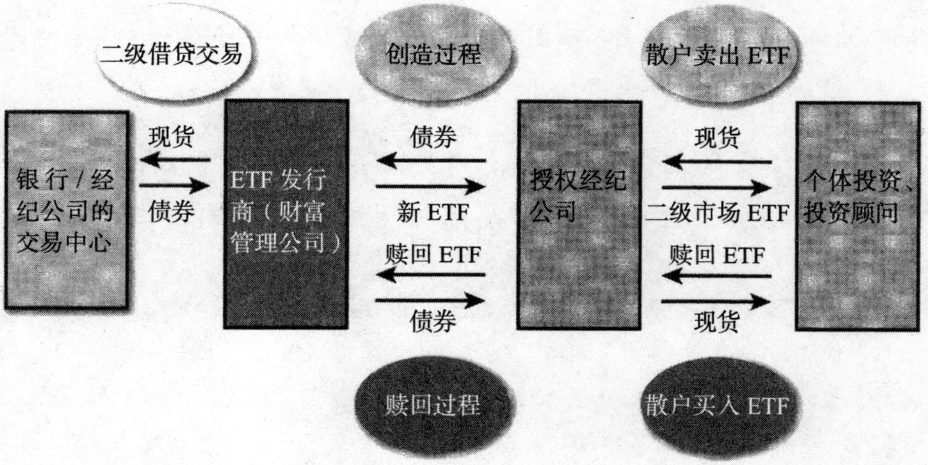

图 19—1　信贷 ETF 机制

ETF 提供商的优势是它们永远有能力满足投资者申赎的需求，又无需承担交易风险，因为从本质上来说投资者应该自己对标的债券的买卖负责。这种 ETF 机制还对二级市场的参与者有好处，因为它迫使 ETF 的交易价格与它的净现值（NAV）相近，因为如果 ETF 价格相对于净现值（NAV）有很高的溢价的话，授权市场参与者就可以通过购买一篮子的债券实物来创造出 ETF，从而通过两者之间的差价套利。

在二级市场中，投资级和高收益 ETF 的交易机制都与股票类 ETF 的交易机制十分相似。投资者们会在交易所挂牌，并会在常规的股票交易时间中通过市场中买卖的竞价来完成交易。而对于大宗交易，投资者就需要直接联系投行的 ETF 交易部门来完成交易。

ETF 已经延伸到了杠杆借贷中

在 2013 年，有一个经历了爆发式增长的 ETF 种类就是杠杆借贷 ETF。由于利率的不断上涨和随之而来的市场波动性增强，投资者们对杠杆借贷产生了浓厚的兴趣。借贷基金和借贷 ETF 是这一趋势的主要受益者。The Power Share Senior Loan Portfolio（交易代码 BKLN）是 2013 年销量最好的 ETF 之一，该产品已经积累了超过 50 亿美元规模。而仅仅在 2013 年中，该 ETF 就积累了 35 亿美元的资产。此外，一些新成立的 ETF，包括 SPRD Blackstone/GSO Senior Loan（SRLN）和 Highland iBoxx Senior Loan ETF（SNLN）也受到了投资者们的关注。银行贷款 ETF 相对于其他我们已经讨论过的信贷 ETF，有着很多独有的特征。

借贷 ETF 和高收益 ETF 相比，其中一个主要的区别就是它们的创造和赎回机制。借贷 ETF 的创造和赎回是现金交割而非实物交割。这样一来，买卖贷款的责任就落在了 ETF 基金经理的身上。由于贷款不是证券，它们的转让困难程度就会相对较高。借贷的二级交易一般通过承销银行的销售与交易部门以协议的形式转让给其他参与市场的投资者。协议需要借款人和经纪公司的同意，在市场参与者协议中，买方在借款方（也就是卖方）的承诺下，抽取一部分的佣金，同时借款方仍然是贷款的法定持有人。如果要转让 130 个 100 万美元的贷款单位，你可以想象这是多么麻烦的一件事，更不用提那些协议费用了。光算协议费用，每笔交易就要花费 500 至 3 500 美元不等。

此外，传统的借贷投资者可以选择获取非公开信息和保密资料。这些保密资料包含了借款方管理层对公司运营情况的各种预测和估计，而这些只有某些银行和一些合格投资者才能拿到，其他公众投资者是无法获取的。散户投资者没有获取这种信息的资格，因而贷款的实物交割也是不可能的了。因此，在借贷 ETF 中施行现金交割方式，而由 ETF 基金经理来负责直接向银行的贷款交易部门买卖贷款是十分合理的机制。

由于这类 ETF 创造和赎回机制的不同，ETF 的发行商将买卖贷款的交易风险转嫁给了授权经纪公司。由于资产净值取的是收盘后的市场买卖价差的中间价，ETF 的管理者往往会在第二天再买入借贷，从而将在中间价买入造成的交易成本转嫁出去。对于 BKLN 而言，管理费用是根据市场流动性和订单执行费用浮动的；而对于 SRLN 而言，申购费用的上限是 15 个基点，而赎回费用的上限是 25 个基点。对于大额交易来说，交易费用可能会远低于 25 个基点，因而投资者可以用一种十分节省成本的方式快速增加或减少自己在杠杆借贷市场的仓位敞口。

资产分配中 ETF 的作用

在投资者的资产分配策略中，ETF 已经变得越来越重要。因为通过 ETF，资产配置者们可以快速地增加或减少他们在信贷市场中的敞口，并且可以获得具有代表性的、多元化的投资组合。这点对于那些可用资金只有 1 500 万到 2 000 万美元的货币经理人来说尤甚。对于那些拥有超过 2 500 万或 5 000 万美元的退休基金和机构规模的基金的投资者来说，他们可能会为了更低的费用而直接在一些固定收益基金里开设多个独立的账户。资产管理公司正在越来越多地向这些投资者提供进入这些特殊基金的其他渠道，以达到与独立开设管理账户相同的效果。

然而，一家中型的资产管理公司很难从零开始构建出一个像 ETF 那样的多元化投资组合，尤其是在目前市场的流动性已经降低的情况下，而且成交金额前 100 名的债券基本主导了市场中的交易量。因此，构建一个拥有 600 种高收益债券或者 1 200 种投资级债券的投资组合，通常需要花费几周甚至几个月的时间。这不仅会为投资者们带来很重的管理负担，而且还需要他们和华尔街的其他各个交易部门建立关系。即使这些都不是问题，这些投资者所需的交易量可能对于机构投资的交易部门来说都只能算得上是小额交易而已。小额交易会导致很大的买卖价差，因为交易价值小于基准（小于 100 万美元）。当然，历史数据告诉我们，ETF 的表现相对于其他投资选择还存在很多的不足，并且 ETF 影响市场投资规则的能力更小。

ETF 作为市场中的技术衡量指标

由于各种技术原因，ETF 的价格常常与他们的净现值不同。ETF 的净现值是用 ETF 的总价值除以 ETF 的流通股数量得出的；相反，ETF 的市场交易价格是由市场中的供应和需求决定的。当一个 ETF 的市场价格高于其净现值时，我们说它正在溢价交易。简单来说，购买 ETF 时付的钱要比 ETF 中持有资产的实际价值要多一些。溢价交易暗示了 ETF 的标的证券正处于市场的强势需求中，同时也补偿了调整 ETF 持仓带来的费用，包括交易费用和管理费用；与之相反，当 ETF 的市场价格低于其净现值（NAV）时，你购买 ETF 时所花的钱要少于 ETF 持有资产的实际价值。当这种情况发生时，市场通常处于衰退阶段，而经纪公司将不愿意继续持有这些 ETF，因为他们担心直接赎回 ETF 时标的债券的价值要低于 ETF 经理赎回时的价格。

结语

很难想象，如果不理解 CDS 和各种 CDS 指数产品的话，我们该如何去完成详细的企业债市场的宏观趋势分析。指数和 CDS 产品是目前企业债市场中最繁荣的两个领域，它们都能向投资者提供数量最大、流动性最强的信贷证券，而且这些信贷证券的信息最为详细和及时。投资者们应当密切关注这些产品的数据，并且定期将这些数据的收益表现与自己的投资组合或者交易仓位进行对比，并分析两者的相关性。此外，也不要忘记关注这些产品的交易量和市场中的总体收益水平，这样才能更好地把握当前市场中的流动性情况。在理想情况下，这些产品的趋势情况应该每天公布。

这些产品能向投资者提供充足的流动性，但是我们也相信这类产品会带来一定的风险和难题。目前在市场中，指数和CDS产品已经越来越不仅仅是用来投资标的，同时也成为了各个机构投资者利用对冲风险和套利的工具。而用来购买这些产品的资产也越来越多的来自于技术分析和投机者，而不是战略和基本面投资者。有时候，这些投机者对产品的交易行为甚至能主导整个市场的发展方向。此外，此类产品也会出现周期性的特征。

然而无论这些产品的吸引力多强，或是如前文中所提到的有各种各样的缺点（当然还有很多缺点本书尚未提及），这些产品必然是日内交易和市场短期变化的重要参照。无论你和你的同事们是乐于投资这些产品，还是尽力回避这一领域，你都应该把这些产品的数据纳入你的分析中。

DATA ANALYTICS FOR CORPORATE DEBT MARKETS

Using Data for Investing，
Trading，Capital Markets，
and Portfolio Management

第八部分

贷款抵押债券

罗伯特·克里切夫和亚历山大·陈

贷款抵押债券（Collateralized Loan Obligation,CLO）是银行借贷市场中的重要组成部分，它们是一种买入标的借贷的结构化、有实际资产担保的证券。具体地说，CLO 债券倾向于购买杠杆借贷。CLO 的构建和监管依托于市场分析与投资组合分析，成功构建一款 CLO 需要使用一套缜密、稳健的方法。

尽管 CLO 的发行周期取决于市场中不同资产间的息差，但是总体来说，CLO 是一种增长型的资产。随着 CLO 数量的增加，二级市场交易中债券式 CLO 和股权式 CLO 的交易量也可能会增加。为了衡量这些 CLO 的信用可靠程度和回报，数据分析的使用也会随之出现大幅提高。

20 贷款抵押债券简介

什么是贷款抵押债券

贷款抵押债券是指拥有一篮子企业杠杆借贷的独立主体，通常是指特殊目的机构（Special Purpose Vehicle，SPV）。这些借贷便是 CLO 的资产。为了给资产提供购买资金，CLO 向投资者发行债务。这些债务组成了 CLO 的负债。这些借贷为债务按照不同级别做价值担保。

该债务通常按照级别发行，由于资产可以高于负债，所以债务的最优先级可以为 AAA。作为总资产的一部分，尽管最优先级债券的规模会随时间而出现变化，但是近期最优先级债券占到总资产的 60%~70% 的 CLO 也已经十分常见。最低级别债券是指在其他级别都得到妥善偿付和处理后，所剩的资金余额和权益部分。它的运作原理与其他资产证券化金融工具（比如抵押支持证券 MBS）区别不大。

为什么贷款抵押债券对于你很重要

构建 CLO 的过程中大量地运用到良好的数据分析。我们在建立模型时必须能对 CLO 抵押价值做评估，并且模型可以追踪这些资产价值的变化。这些模型也必须能模拟资产现金流收入和债务偿还能力。

现金流和抵押必须能经受住一定程度的违约模拟压力测试。换句话说，如果资产中某部分出现违约，我们要把它们的收复率也考虑进去。你应该观察在这些情况下债务的各个不同级别是如何作出反应的，此外你还需要运行不同场景下的资产收益情况。

此外，你还需要建立一个投资组合，这样在综合考虑的基础上，投资组合既要符合到期日限制，又要满足多样性原则。由于 CLO 发行债具备维护条款，你所建立的系统必须能检测到这些测试能否达到条款要求，全部交易都应该由第三方信托监管。

正如你所见，在构建和运行 CLO 时，我们对数据分析的依赖性很大。如果你从事企业债、借贷投资组合，或是买卖贷款等领域的数据分析工作，那么你必须要了解这一产品才行。此外，尽管它的流动性很低，但是 CLO 交易的二级市场正在蓬勃而迅速地发展。CLO 级别交易也需要类似的分析。无论是投资经理、投资者、投行员工、二级市场的买卖双方，还是 CLO 所涉及的律师和受托人，这些人都必须拥有类似的分析模型，或至少对该行业的模型应该有所了解。

如果你是借贷市场的投资者，即使你没涉足 CLO 交易中，也该对 CLO 市场有所了解。CLO 是杠杆借贷市场中第二留置权转权的主要来源之一。如果你试图分析和检测杠杆借贷市场，并希望了解一些借贷市场中的交易技巧，你必须要观察是什么力量让这些产品拥有资金流入。然后分析相关数据，因为正是它们影响了市场中的交易。

CLO 行政和条款管理都需要各类运行分析的软件包。然而事实上每家公司都拥有不少检测、构建以及买卖这些产品的模型和系统。

影响贷款抵押债券发行的基本因素

市场参与者需要重点监测的两个要点是：你所构建的一篮子杠杆借贷与 CLO 发行相应级别的债务中所取得的支付金额的息差。发行 CLO 能力的关键是套利。比如说，如果 AAA 级别 CLO 的息差相比杠杆借贷利率大太多，那么 CLO 结构便很难运行。另一个重点是违约率的级别，也就是考虑到在有收复率的情况下一旦公司违约投资者所承担的损失。在低违约率时期，低违约风险可以使 CLO 的发行迎来一片生机勃勃的景象；反之，在高违约率时期，尽管模型可能并未在短时间内出现变化，但是投资者们却依然会望而却步。这是由于 CLO 原本是超额担保的，也就是资产面值要高于负债，但是一旦 CLO 资产池中的违约预期变高，那么这种超额担保便立即受到冲击。一旦这种事情开始发生，那么 CLO 的发行会立即停止。

贷款抵押债券的类别

市场中有一些不同种类的 CLO。但是你一旦理解了 CLO 的基本原理，你会发现它们只是在结构上有着细微差别而已。

首先，市场中有静态型 CLO 和管理型 CLO。静态型 CLO 在交易过程中永远处于同一个抵押池中。管理型 CLO 与其相似，只是抵押池随着基金经理的决定发生着买卖变化。

此外，还有资产负债表型 CLO 和套利型 CLO。资产负债表型 CLO 通常是由像银行这样的金融机构创建，通常因监管或其他原因需要把资产从资产负债表中移除。这类 CLO 的资产池便来自于这个供给源。套利型 CLO 更为常见，这类

CLO 通常由基金经理运行，它们从借贷投资组合获取的额外收益要高于 CLO 各级别平均利率。

市场中还有现金流型 CLO 和规模型 CLO。这些类型之间的区别在于杠杆借贷的抵押池相对于负债的观测。在现金流型 CLO 中，维护测试和指标比率都假设，资产除了极少数情况折价估算外一律按照面值评估。在规模型 CLO 中，抵押品按照市价调整，或基于可能成交价格评估。现金流型 CLO 变得越来越常见。

最后，市场中还有合成型 CLO 和现金型 CLO。合成型 CLO 持有借贷信用违约互换（LCDS）作为资产。现金型 CLO 已经明显成为了常见的 CLO 类型，它与 CDS 衍生品不同，而是真实持有相应的杠杆借贷。

自从 2008 年金融危机以来，CLO 的存在方式主要演化为以下几种类型：

- 管理型；
- 套利型；
- 现金流型；
- 现金型。

你应该在其他市场周期中留意其他结构的 CLO，因为你永远不知道在不同市场周期下哪种类型会卷土重来。

以上只是一些基本 CLO 类型，但是因结构轻微区别而不同的 CLO 种类是无穷无尽的。随着市场的变化，CLO 的结构也一直在变化，这种区别主要因管理经理和承销商的不同而异。由于对金融产品的供需关系出现不平衡，对不同特征 CLO 的需求也由此而出现。

21

典型贷款抵押债券的结构

正如第20章所描述的，CLO中所包括的各种债务之间都有或大或小的差别。一般而言，一只典型的CLO会有五到六个不同的债务分级和一个权益分级。这些分级的信用评级范围从AAA级到无评级不等，而CLO中各个债务分级的利率和CLO标的资产①的利率都是浮动利率。因此，市场利率的波动不会对CLO的价值产生影响。根据最近的发行周期看来，许多标的资产以LIBOR为基准，所以这些资产会有一个LIBOR下限，当市场处在LIBOR利率没有达到要求的下限前，标的资产的利率是不会浮动的（或者使用其他参照基准原理也相同）。

表21—1展示了一个2013年末价值4亿美元的交易案例。请不要认为表21—1中这些比率或利率在过去或者将来都是一样的。同时你还要记住，债务分级可以按照一个较小的折扣价发行②，而在最近的一段时间里，这种现象一般会在更低层的分级出现。

---

① 这里的标的资产指构建CLO时所涵盖的借贷。——译者注

② 当债券和贷款发行时，通常是以面值价格发行的，也就是实际价格为面值的100%；如果实际发行价低于面值，如价格为99%的面值，那么这些债务就是以所谓的“原始折扣”折价发行的。——译者注

与任何债券发行一样，CLO 的各个分级在发行时不一定会折价发售（也就是价格低于面值）。但如果以折价发行，那么实际收益率或是折价则会高于票面利率。在最近的这些交易中，CLO 的各个级别中尤其是低评级部分，折价发行的情况十分常见。

表 21—1　　CLO 结构示例

债务层级	息票利息	信用评级	总额（百万美元）	占总资本比重
A 级	LIBOR+145	AAA	250	62.5%
B 级	LIBOR+220	AA	50	12.5%
C 级	LIBOR+300	A	20	5.0%
D 级	LIBOR+375	BBB	20	5.0%
E 级	LIBOR+500	BB	20	5.0%
权益	剩余现金流	无评级	40	10.0%

CLO 的标的资产也就是抵押池，是由杠杆借贷组成的。在 CLO 最初完成融资的时候还没有被买入抵押品池（当 CLO 的各个债务分级被构建好之后就可以开始融资了），抵押池中的这些资产会在随后被逐渐买入。通常来说，抵押池会有如下几个特点：

- 包含 100 到 150 只债券 / 贷款（有时甚至更多）；
- 标的公司分布在超过 20 个行业中；
- 平均信用评级约为 B 级；
- 因贷款到期收到的本金支付，或者借款人提前还款得到的资金，将在 CLO 开始发行的 3 到 5 年中被用来再投资。

这些听起来非常简单，但是归根结底，CLO 的抵押池中资产的回报必须大于 CLO 资金成本，也就是指支付 CLO 中各个债务分级的利率支出。在到期时，CLO 标的资产的价值需大于 CLO 债务的价值。

更多分析方法：测试和指标

就像债券或者贷款有协议条款一样，CLO 的结构中也有十分严格的标的规则和维护测试。与许多债券的维护协议不同，当 CLO 无法达到某些测试的标准时，将触发多种措施来改正这些问题。通常这些措施（甚至包括资产出售）会导致标的资产组合成分的改变，直到问题被解决为止，这些组合成分的改变有时会损害到低分级的投资者。

如果问题过于严重，那么 CLO 中的这些债务分级将严格地按照事先制定的偿债优先级来偿还。有时，甚至会以实物交割的形式，用抵押品池中的资产来偿还这些债务组分的投资人。权益分级的投资者通常有投票权来决定是否要完全关闭一个 CLO，并要求提前偿还债务，但 CLO 一般都会在条款结构中包含一个为期几年的锁定期（non-call period），在此期间内投资者们不能要求提前清算偿还债务。

下面介绍的是在 CLO 分析中使用的几个典型测试和质量指标。

- **加权平均评级因子**（weighted average rating factor，WARF）。这个指标最早是由信用评级机构穆迪开发的，通常被用于衡量一个投资组合的平均信用评级，这个评级是根据各个所持资产的权重来计算的。此外，每个信用级别的评级分数不是简单的线性上升。例如，Aaa 评级债券的因子是 1，Aa1 是 10，Aa2 是 20，而对于 Caa3 则是 8070。正如你所见，WARF 值越低，则表示该资产在各个主要评级机构中的评级越高。
- **多样化分数**（Diversity Score）。该指标最初也是由穆迪发明的，这个指标衡量了一个资产组合中，资产所在板块和发行公司的多样化程度。穆迪使用了大约 33 个行业，并按照不同行业和不同板块规模把相关性分解。最终所得分数越高，投资组合的分散程度就越高。

- **超额抵押测试**（Overcollateralization Test，O/C）。我们在前文中曾提到，为了能完成融资，抵押品（也就是标的资产）的总价值需要超过 CLO 中债务的总价值。这个测试测量了抵押品的票面价值、问题债务，以及所有偿债优先级高于被测量债务的分级价值。在这个测试中，通常只计入正在执行的（也就是未违约的）抵押债务即可。有时如果某部分的贷款评级特别低，或者贷款的交易价格深度折价时，它们也不会被计入测试计算价值。如果 CLO 的条款中包含了这类测试，那么当测试指标未达到规定值时，我们可能就需要进行某些补救措施，比如用超额现金来偿还优先级别，直到这些指标达到测试要求为止。
- **利息偿付率测试**（Interest coverage test，I/C）。该比率衡量的是抵押池中的贷款是否拥有足够多的利息收入来支付 CLO 各个分级的利息。与 O/C 相似，这个测试也要对每个分级分别测试。

在 CLO 结构中，只有少数几个测试项目是十分重要的。除此之外，CLO 通常还有针对发行公司所在国家测试的权重平均息差测试（weighted average spread test），以及权重平均票息测试（weighted average coupon test）和其他多种测试。

正如你所见，无论对于 CLO 经理还是 CLO 投资者来说，好的分析方法都是构建投资组合、监管投资组合，以及销售 CLO 债务时的重中之重。如果对杠杆借贷产品没有一个很好的理解，那么我们便很难在这个市场中有效地开展数据分析工作。

通过分析 CLO，我们能得到什么

目前市面上有各种各样分析 CLO 产品的方法。通过监控 CLO 市场中的发行量和发行产品类型，投资者们能得到许多关于杠杆贷款市场的信息，甚至在某些程度上还能从侧面了解高收益债券市场的近况。当 CLO 市场很活跃时，它们就会对杠杆借贷市场的贷款发行产生极大影响，因为 CLO 的发行可以刺激市场产生大量对新贷款的需求。CLO 还有一个特点，就是其价格很难发生变动。如果借贷市场中新贷款的息差过低，那么在构建 CLO 时便不会购买这只贷款。除此之外，CLO 还对标的贷款到期年限有很严格的限制。同时，杠杆贷款和高收益债券之间还有很强的替代效应。当 CLO 市场十分活跃时，公司可能会更偏向通过杠杆贷款来发行融资，这就可能导致现存债券再融资的增加，并减少市场中债券的供应。

在分析 CLO 市场中的数据时，你需要权衡许多因素。CLO 尽管在市场中越来越成为主流产品，但是它们依旧是另类投资的一种，而且结构十分复杂。不过 CLO 可以给投资者数倍于相同评级的信贷证券的回报。

结语

CLO 是投资者进入杠杆借贷类资产市场的一种方法。投资者可以根据自己的风险喜好选择不同风险的债务分级。跟投资共同基金或杠杆借贷相比，CLO 与这两种投资渠道都能使投资者在单笔投资中取得多元化的资产组合。如果购买投资杠杆债券的共同基金，投资者可以更自由地入场投资和撤出资金，但是共同基金的每个投资者都持有相同的投资组合（Pari Passu）[①]，因此投资者无法调整自己的投资风险。但是如果投资 CLO，投资者就能选择自己的风险偏好和回报目标——从投资级证券到风险最高的权益部分都可以。但是 CLO 各个分级的流动性普遍偏弱，弱于共同基金以及 CLO 的标的抵押债务。

虽然 CLO 流动性相对较弱，但是市场中 CLO 的二级交易却越来越活跃。可以想象，这些 CLO 的投资者在进行投资前已经对标的抵押债务的可靠性以及各个 CLO 的分级进行了大量的研究和分析。但是很重要的一点是，如果出现了 CLO 清算的情况，整个过程会严格按照各债务的优先级来进行，这个过程中很少有不和谐的情况发生。

① 原文中注释的 pari passu 是拉丁语，代表着“处于同一状况”。在金融界它的意思是拥有同等条件的金融工具。例如，两只 pari passu 的债券对于公司资产的索赔条件是相同的。——译者注

DATA ANALYTICS FOR CORPORATE DEBT MARKETS

Using Data for Investing, Trading, Capital Markets, and Portfolio Management

第九部分

投资组合分析工具

亚历山大·尚

为了获得资产稳定的回报和增值，最佳的方法就是构建出一个多元化并精心管理的投资组合。因此，评估投资组合的多元化程度和管理方式是确保达到长期投资目标的关键因素，我们应该在必要时对这两方面进行调整。

全面的投资组合分析可以帮助投资者和基金经理了解收益和亏损的来源。除了使用总收益做比较分析之外，详细的投资组合分析也可以帮助投资者评估自己的投资组合是否既达到了原定的回报目标，同时又满足了风险承受、资产分配比例、投资时间跨度以及最低回报等要求。投资组合分析的目标其实很简单：评估在指定的目标和要求下，投资组合的管理者所做出的投资决策是否合理。此外，卖方的交易部门和风控部门也会使用这些分析工具来评估自己手中的交易仓位。

22 投资组合分析

投资组合分析的目的

投资人或基金经理在进行投资组合分析时，各自抱有的目的可能因人而异，但是说到底还是希望能深刻地剖析、理解投资组合的回报。通常大家都用投资组合与参照基准相比较。因此，讨论投资组合分析的第一步都是从寻找合适的参考基准开始。尽管选择一个与投资组合类别相近的指数看起来并非难事，但通常百分百契合基金经理投资风格和仓位组合的指数是不存在的。选择合适的参考基准对于分析投资组合的风险来说是至关重要的，因为参考基准将严重影响投资组合的收益情况。

一直以来，投资者们会寻找风格和背景符合自己投资标准的基金经理。然而最近一段时间，许多投资者先把基金经理的业绩与市场指数作比较，再根据结果做出如何分配资产的决定。因此，当投资者最终选择了一名基金经理时，他们期望基金经理的表现能大体与资产类别的基准相契合，因为投资者曾经依此决策资产分配。在权益类资产类别中，这种类比是一种合理的方法。对于大多数广泛试用的权益参考基准来说，基金经理可以（某些情况下他们真是这样做的）买入参考基准指数中的全部组成标的。例如，某位基金经理可以买入道琼斯工业指数中全部的 30 只股票，甚至是标普 500 中的全部 500 只股票。他们能这样做的原因是股市为他们提供了足够的流动性。即使是罗素 2000 指数（罗素 3000 指数中规模最小的 2 000 只）中那些最小型的公司也达到了每日交易的标准[①]。然而对于大多数固定收益资产类别来说，由于流动性的原因，该基准无法复制。大多数非政府类固定收益资产中，可供每日交易的债券数量要远远小于指数中所包含的数量。例如，在大多数主要的高收益指数中，有超过 2 000 只的个人债券，而大多数高收益投资组合却只持有 300 到 800 只债券。比如说，大型高收益共同基金先锋高收益（Vanguard High Yield Corporate）拥有高于 160 亿美元的总资产，但是只拥有不到 500 家独立高收益债券[②]。认识到权益类资产与固定收益类资产在这方面的区别甚至要比选择参考基准更为重要。

即使在资产分配决策好后，我们还是应该对参考基准保持一个慎重的态度。每家指数提供商都按照自己的方式进行计算，这其中包括筛选成分指数规则和价格数据源等。因此，同一资产类别的指数表现可能随着时间的推移产生巨大不同，像高收益债券这类信用资产指数尤甚。指数供应商必须要为标准作出合理解释：新发行债券何时添加指数？指数如何定价？指数中是否包含违约公司？有最低规模的要求吗？这些因素都可能导致统一资产类别出现不同程度的回报。此外，基金经理可能在某些特定的领域有所专长。这些领域精英可能身处高收益债券、折价债券、违约债券、某特定评级、某特定行业或某类行业中。如果是这样的话，或许建立子指数可以得到一个更合理的参考基准。

如前文中所讨论的，权益类参考基准指数通常可以为全部标的股票提供足够的购买流动性。然而对于固定收益类证券来说，情况截然不同。对于企业债而言(包括投资级债券、高收益债券和借贷)，只有少数债券可以每天交易，而使用这类债

① 截止至 2013 年 7 月 25 日，罗素 2000 指数中市值最小的公司是 Enzon Pharmaceuticals，规模为 8 100 万美元，日交易量 25 万美元。——译者注

② 先锋高收益基金的数据取于 2013 年 7 月 24 日。——译者注

券来制作一个具备规模的投资组合更是难上加难。事实上，金融业监管局（Financial Industry Regulatory Authority）曾估测 2013 年前 7 个月中，高收益企业债的日均成交量为 58 亿美元。诚然，这个数据中还漏掉了许多交易，比如 144A 条例中的非公开交易。尽管这样，如今美元计价高收益市场的规模要超过 1 250 亿美元，很显然其中只有少部分债券每天可以以合适的成交量成交。投资组合分析和参考基准的选择方面我们应该注意两点：第一，投资者必须理解投资组合经理只能在流动性充足的情况下按照投资计划交易；第二，大多数债券的价格发现是十分困难的。也就是说，报价与实际交易之间可能存在着巨大的落差。

如果投资者选择以参考基准来进行投资组合分析并衡量基金经理的表现，那么投资者必须要理解基准的特征，以及管理该参考基准时会出现的陷阱。总之，投资者必须在选择参考基准指数时对具体问题进行具体分析。

你的投资目标和投资目的分别是什么

大多数市场参与者在投资时有着各自的目标，比如散户或许为了房贷、退休或子女教育，机构为了偿付债务。基于这些目标，投资者可以自行选择安全性高或风险性高的资产类别。即使投资者选定了资产类别，投资组合中还是可以存在不同风险级别的资产。比如说，一家保险公司希望在自己的固定收益组合中提高收益率，那么它可能会把一些资产分配用来购买高收益债券。然而保险公司经常需要资金来为企业还债，因此在他们的投资中预留现金资本有着较高的重要性。他们可能决定使用那些信用质量更高、防御性更强的债券更加符合自身需求。再比如说，一位寻找高额回报率的投资者可能对“困境高收益债券”（distressed high-yield）板块感兴趣。我们要仔细地考虑好投资目的和目标，与基金经理沟通好自己的需求，这样才能找到最合适的参考基准。

在选择参考基准时，投资者应该考虑以下几个重要问题。

- **参考基准对你的影响程度有多大？** 这是一个投资者可能考虑不到的重要问题。有着稳健风格的基金经理会告诉你在特定市场情况下，它是否能跑赢参考基准。比如说，一位风格激进、喜好问题债券的基金经理很可能会在大盘下挫时表现不佳。如果投资者对参考基准高度重视，并希望基金经理能在任何市场情况下都至少不跑输参考基准，那么我们便不应该为基金经理选择广义市场指数。构建一个字指数或专门关注问题证券的自定义指数对于这种风格的基金经理来说更加合适。
- **流动性到底有多重要？** 按理说这个问题应该在初期思考投资目的和投资目标时就被考虑到，流动性对于某些资产类别来说是值得首要考虑的重要因素。即使发生流动性对于投资不重要的情况，那也是投资者并不急需用钱的情况。流动性在与建立参考基准相关的投资组合和价格发现方面都扮演着重要角色。
- **你希望基金经理持有哪些其他证券？** “指数外押注”指基金经理所持有的任何未包含在参考基准标的内的证券。许多投资组合都有一部分非标的资产类别的证券构成。比如说，许多高收益共同基金持有股票、杠杆借贷、政府债或投资级债券。通常它们在一篮子投资组合中所占的比例不高，但是从投资组合分析的角度上看它们却能对投资组合产生巨大影响。即使投资者希望能持有单一资产类别，但是考虑到流动性问题，这种想法往往难以实现。低流动性资产的特点是，基金经理手中掌管的资金越多，那么“指数外押注”在投资组合中所占的比例和影响就越大。

投资组合分析 / 绩效评估的组成内容

投资组合分析可以包含多种不同类型的报告与比较，而不是需要执行某些特定的分析。对于投资者来说，绩效评估也以多种方式存在，甚至可以简单到只通过比较投资组合统计数据和权重来生成一份完整的绩效归因报告。报告可以独立于任何参考基准，只关注绝对收益，也可以与指数或同类产品挂钩。报告甚至可以针对于某个特定时间段或历史时期。通常我们不只关注统计数据的绝对值，而是把它做近似的比较。一些报告和分析的类型如下：

- **总收益报告**。收益显然是任何投资都关注的最核心问题。对于任何投资者而言，它都是最终目的——使资产增长或为债务筹集资金。总收益会使投资者在投资组合超过或未达到预期时对其产生额外的要求。正如我们在前面所提到的那样，这也是为什么合理的基准选择是至关重要的原因。

  活跃管理型基金的报告中可以把管理费和其他相关费用去掉。对于固定收益投资组合而言,总收益可以分为本金回报(价格变化)和利率回报(票息收入)两部分。

- **投资组合统计报告**。这也是最基本的报告之一，但却非常重要，因为报告是投资组合数据的基本评估，它体现了除了总收益外不同资产类别之间的统计数据。对于企业债而言，这包括收益率、当前收益率、息差、久期、到期日、凸性以及平均票息。一些投资组合数据可能与收益无关，比如发行规模和发行人数量、票面价值或总市值等，也都会囊括进该报告中。
- **权重报告**。这份报告相对简单易懂，它把投资组合按照板块分类。板块的总数量因资产类别而异。对于企业债而言，它们会按照评级、行业、周期、发行人、价格区间、收益率区间、息差区间、到期日区间、证券类别（浮动利率、实物交割、零票息等）、证券编列（高级优先、次级担保、高级等）和资产类别分类。对于全球资产组合而言，币种、地域及发行国信息也会被添加至报告中。其实任何与投资组合中债券相关的统计数据都可以被加至其中。在调整投资组合风险以及理解趋势时，报告将会非常实用。此外，它也常与参考基准相对照。

- **回报统计数据与同类产品相对回报比较。**使用回报分级数据，你可以计算出许多有用的统计数据。假设你手中拥有某月一组基金的回报分级数据，那么你可以很容易计算出这段时期（季度、年）内的总收益。使用同样的回报分级数据，你可以算出波动率（收益的标准差）、捕捉比率（投资组合能捕捉市场上涨或下跌的能力）、阿尔法（投资经理在风险调整过投资组合后与参考基准的回报比较）、贝塔（基金经理与大盘波动的相关性）、回撤（收益曲线从波峰到波谷的测量）以及其他数据。我们为指数计算以上数据，也可以拿来与同类产品进行比较。尽管投资组合报告可以用来做同类产品相对回报比较，但是这个过程也需要对其他投资组合进行大量的计算。根据这些信息，基金经理和投资者可以在不了解标的资产的情况下对不同基金进行比较。
- **投资组合的一个重要特性案例是按月计算回报率的夏普比率**（Sharpe Ratio）。夏普比率由诺贝尔奖获得者教授威廉•夏普（William F. Sharpe）发明，它主要衡量了经风险调整过后的回报率。夏普比率越高，投资经理就越能在不增加风险的情况下创造利润。通常夏普比率的计算公式为：

$$\text{夏普比率}=\frac{R^p-Rr^f}{\sigma^p}=\frac{\text{投资组合预期报酬率}-\text{无风险利率}}{\text{投资组合的标准差}}$$

这其中：

R^p= 投资组合预期报酬率；

R^f= 无风险利率；

σ^p= 投资组合的标准差。

公式计算了投资组合在经过无风险利率调整后每单位波动率所创造的利润。虽然无风险利率可以随着时间变化出现改变，但是我们通常对美国资产使用美国短期国库券利率作为无风险利率[①]。

另外一个评估投资组合回报分级的统计技术是基于收益的投资分割分析法（return –based style analysis，RBSA），它也是由威廉·夏普所发明的。RBSA 把投资组合按照不同资产类别风格分类，它使投资者可以通过不同参考基准来比较不同资产类别的管理风格，从而评估出回报之间的不同风格。

- **绩效归因**。我们讨论到现在为止，全部投资组合报告都是在分析绩效归因。绩效归因的目的是把投资经理的收益按照市场板块分类后与参考基准相比，这与前文中所讨论的权重报告相类似。基金经理和投资人能够理解哪些因素为相对收益带来好处或坏处。因此，绩效归因对参考基准的选择是至关重要的，否则信息将会失真。我们在 23 章中会对绩效归因做进一步讨论。

① 威廉·夏普主要在三篇文章中发表了他对夏普比率和 RBSA 的研究成果，它们是：
- Sharpe，William F.，" Mutual Fund Performance，" *Journal of Business*，January 1966.
- Sharpe，William F. "The Sharpe Ratio，" *The Journal of Portfolio* Management，Fall 1994.
- Sharpe，William F.，"Determining a Fund' s Effective Asset Mix，" Investment Management Review，December 1988.

——译者注

23 绩效归因

正如本章题目所写的那样，绩效归因分析的目标就是把投资组合的收益按照特定因子来做解释、归纳。这一过程通过对收益进行细分来得知收益和风险的来源，它帮助基金经理和投资者更好地理解其投资组合的绩效表现。归因分析既可以用绝对的方式来表达，也可以用相对的方式来表达。绝对归因分析还有一个常用的叫法是收益贡献分析（return contribution），目的是找出对绝对收益贡献最大的独立因素，它与市场参照基准的收益水平无关。例如对某板块 A 来说，其绝对收益贡献定义如下：

$$\text{贡献分析} = \sum_{i=1}^{n} W_i \cdot R_i$$

其中：

W_i 为板块 A 中资产 i 的权重；

R_i 为为板块 A 中资产 i 的收益。

虽然这类分析方法在使用时存在一定的局限性，但是当你想找出哪个板块或公司为整个投资组合带来的收益最大时，这种方法仍然能为我们提供很多帮助。

例如，当你要为某位基金经理罗列一张包含收益最高和最差的十个具体投资的列表时，你可能想用绩效归因分析来完成这个工作。

然而在更多时候，投资者和基金经理往往想要解读投资组合中相对于市场参照基准的超额收益或损失。在花费了大量精力与参照基准相抗争后，这样做也的确是合情合理。因此，这类分析确立了投资组合在与市场参照基准相对比后，相对收益和风险的来源以及它们对于整个投资组合的影响。基金经理对于每个板块做出的投资决定都会对整体投资组合产生影响。这些影响会告诉我们，这些板块在投资组合中相对于市场参照基准的收益是起到了促进作用还是阻碍作用。这些影响的总和就是投资组合对市场参照的超额收益。

绩效归因分析通常是根据不同板块或者基于动因进行分析，有时被称为风险方法、风险依据方法或多变量方法（risk，risk-based，multi-variety approach）。动因的方法就是将投资组合的超额收益进行分解，并将这些超额收益根据不同的风险动因分成收益因子和残差收益（residual return）。如果该投资组合的收益表现主要是由某些宏观经济因素决定的，那么对于包含这些资产类别的组合或是其他拥有类似资产类别的投资组合，此类风格的归因分析就会起到很好的效果。例如，对于许多固定收益类的投资组合来说，这些风险动因可能包括利率、息差，以及汇率。这种归因分析能向投资者展现影响投资组合收益的各种因素，即投资组合中有多少收益是来自于收益率曲线的平移，又有多少收益是因为收益率曲线的波动等。而后把这些归因与市场参照基准相对比，分析有多少市场参照基准收益是来自于相同的因素，就能得出相对于市场参照，投资组合中的哪些风险因素会增强投资组合的收益，而哪些会带来副作用。

归根结底，归因分析的目的就是把投资组合的超额收益按照系统风险因素做出一系列的决策，通过同一系列的风险动因或非系统性风险作出解释。正因为如此，我们在股票市场中更多的是依据板块而不是动因归因。企业债和企业借贷，更具体来说是高收益债券和杠杆借贷，更加偏向混合型产品——它们既有固定收益证券的一些基本特点，又能展现出较强的非系统系风险。因此，高收益债券的归因分析通常使用基于板块的计算方式。

基于板块归因分析的标准分析方式通常被称为布林森方法（Brinson method）。布林森和费舍勒（Fachler）曾在1985年发表了相关文献[①]，但是这一理念最初的产生可以追溯到1972年[②]。其核心是基金经理按照板块对投资组合进行两步决策（two-step model）建模。两步决策首先决定了该投资组合中某板块的投资权重，随后再选择各板块中的具体证券。这种分析把投资组合相对于市场参照基准的超额收益分解成三个不同因子或影响因素——资产配置、证券选择和彼此间的相互关系。因此，这种归因分析有时也被称为三因子绩效归因分析。

资产配置效应

资产配置效应（Allocation Effect）是指衡量投资组合中某个资产种类相对于市场参照出现超额配置或减少配置时，对整个投资组合所产生的影响。根据布林森-费舍勒模型，资产配置效应是权重和板块表现相对于市场参照基准的函数。因此一共会出现四种情况（详见表23—1）。

① 在基于板块的绩效归因分析领域，布林森分别在1985年、1986年及1991年发表了三篇奠基性的论文。

- Brinson, Gary P., and Nimrod Fachler, "measuring non-U.S. Equity Portfolio Performance," *Journal of Portfolio Management*, Spring 1985.
- Brinson, Gary P., Randolph Hood and Gilbert L.Beebower, "Determinants of Portfolio Performance," *Financial Analysts Journal*, July/August 1986.
- Brinson, Gary P., Brian D. Singer, and Gilbert L. Beebower, "Determinants of Portfolio Performance II: An update," *Financial Analysts Journal*, May/June 1991. ——译者注

② 在1972年，投资分析师协会（The Society of Investment Analysts）发表了一篇题为《关于退休基金投资组合收益表现的衡量方法》（*The Measurement of Portfolio Performance for Pension Funds*）的文章。该文章提出并讨论了将投资组合收益表现按照股票的选择和板块的选择来进行分解分析。——译者注

表 23—1　　资产配置效应

		增持 $W_i^P > W_i^B$	减持 $W_i^P < W_i^B$
板块和市场基准的收益对比	超越市场表现 $R_i^B < R^B$	情况一：正资产配置效应	情况二：负资产配置效应
	低于市场表现 $R_i^B > R^B$	情况三：负资产配置效应	情况四：正资产配置效应

表头：投资组合和市场参照基准的权重对比

其中：
W_i^P 表示投资组合中板块 i 的权重；
W_i^B 表示市场参照中板块 i 的权重；
R_i^B 表示市场参照中板块 i 的收益；
R^B 表示市场参照的总收益。

如果增加表现超过市场参照基准的板块的权重（第一种情况），或者减少表现弱于市场的板块的权重（第四种情况），就会产生有利的资产配置效应。相反的，如果增加表现弱于市场板块的权重，或者减少表现强于市场板块的权重（第二、第三种情况），就会产生不利的资产配置效应。因此，一段时期内的资产配置效应可以用如下公式表达：

$$板块\ i\ 的资产配置效应 = (W_i^P - W_i^B) \times (R_i^B - R^B)$$

布林森、胡德（Hood）和比包尔（Beebower）在 1986 年发表了一篇有关布林森-费舍勒（B-F）模型的后续论文，并随后在 1991 年对其做了更新。这篇新论文建立了一套与之前略有不同的资产分配模型（简称 BHB 模型）。这两个模型都是试图解决同一个问题，即通过将超额收益分解成资产分配、证券选择和关联性等方面，以便解释超额收益的来源。但是，BHB 的研究给出了一个“简化的收益归因分析框架”。其中，资产分配的影响是由经理人对资产分配权重的决策以及各板块收益的正负来决定的（与市场参照收益无关）。换句话说，BHB 方法认为，任何加大正收益板块权重的决策都是有利的决策；故：

$$BHB\ 配置效应 = R_i^B \times (W_i^P - W_i^B)$$

这两种方法的关键区别就是对机会成本的考虑方式不同。在收益为正的情况下，只要基金经理能给收益为正的板块分配更高的权重，BHB 资产配置效应就为正，即把市场参照基准回报率视为 0%。在 BHB 模型下，投资于某个板块的机会成本实际为 0。但是,B-F 模型只有在基金经理对表现好于参照的板块超额分配时，才会给出正资产配置效应。也就是说，增加某一个板块的权重的机会成本，至少应该等于市场参照的收益。目前在企业债基金经理和投资者之中，B-F 模型是最被广泛认可的基于板块的归因分析模型。

我们参考表 23—2 中所示的高收益债券投资组合和市场参照的情况：

表 23—2　　根据信用评级所列出的市场参照基准和投资组合的权重与收益

评级	投资组合		市场参照基准	
	权重（%）	收益（%）	权重（%）	收益（%）
BB	15	3.50	45	1.50
B	75	2.00	40	2.00
CCC	10	2.00	15	4.00
合计	**100**	**2.23**	**100**	**2.08**

在这段时期内，投资组合对 B 级债券超额配置，其配置权重几乎是参照基准权重的两倍（75% 相比于市场基准的 40%）。对投资组合和市场参照基准来说，两者 B 级债券的总收益都是 2%。因此，BHB 模型会得出一个 70 基点的正资产配置效应，因为基金经理为一个正收益的板块分配了很高的权重：

$$BHB\ 配置效应 = R_i^B \times (W_i^P - W_i^B) = 2.00\% \times (75\% - 40\%) = 0.70\%$$

但是，B 级债券的收益表现低于总体市场参照基准（2% 对比市场的 2.08%）。因此在 B-F 模型下，由于基金经理给表现弱于市场参照的板块分配了很高的权重，同时也给其他表现更好的板块分配了较低的权重，B-F 模型将给出一个负资产配置效应。在这个案例中，超额分配 B 级债券的机会成本是无法增持回报率 4% 的 CCC 级债券。因此，B-F 模型下，资产配置效应是 –3 基点。

$$配置效应 =（W_i^P - W_i^B）×（R_i^B - R^B）=（75\%-40\%）×（2\%-2.08\%）=-0.03\%$$

虽然在两种方法下，同一个板块会得出不同的资产配置效应结果，但是如果计算所有板块的资产配置效应之和的话，在这两种方法下是相等的。如果基金经理想要跑赢市场参照基准，那么一个有效的资产配置方式就是增加表现最好的板块的权重，同时减少表现最差的板块的权重。这就是 B-F 模型如何看待资产配置的核心思想。无论是在股票还是信贷市场，B-F 模型也因此成为了大多数投资者和基金经理计算资产配置效应的方法。资产配置效应是 B-F 模型和 BHB 模型之间的唯一区别。

选择效应

选择效应（Selection Effect）衡量了一个基金经理在某个板块中选出表现最好的证券的能力，并且量化了证券选择对市场相对收益的影响。这一指标为投资组合中某个板块和市场中相同板块的表现做出了比较，所以我们首先要计算这两者的收益差。随后，各板块的收益差需要根据市场权重做加权平均。因此，投资组合中的板块权重不会影响选择效应的计算。而各板块在市场中的权重的确会影响选择效应的大小——板块在市场中的权重越大，该板块的选择效应也就越大。选择效应的计算如下：

$$板块\ i\ 的选择效应 = W_i^B ×（R_i^P - R_i^B）$$

如果用表 23—2 中的高收益债投资组合，我们可以计算出 BB 级债券的选择效应值：

$$\text{BB 级债券选择效应} = 45\% \times (3.50\% - 1.50\%) = 0.90\%$$

该基金经理能在这段时期内选出收益达到 3.5% 的 BB 级债券组合，而同时期 BB 级债券的市场收益率仅为 1.5%。这便为正选择效应贡献了 90 基点。虽然 BB 级债券在投资组合中的权重没有被计算进公式，但一个合理的原因是，当板块在市场中的权重越小，基金经理就越容易在这个板块中选出表现最好的 BB 级债券，并得到良好的投资回报表现。

如果在市场参照基准中没有某板块的权重，那么该板块的选择效应就为零。也就是说，这是属于在该市场之外的投资决策（out-of-index bets）。例如，如果一名投资级债券的基金经理决定要买入一些高收益债券，那么该经理的投资组合就会包含着市场中没有的敞口——当然我们这里假设该投资组合的市场参照是投资级债券指数。根据归因分析对象的不同，这类情况时有发生，但是由于大多数企业债投资组合多少都会持有一些部分现金，而现金又不被包含在公司债市场中，因而现金就是市场之外的投资，其选择效应也就为零。

此外，当某个板块在市场中的权重不为零，但是投资组合中却没有持有该板块的证券，那么该板块的选择效应就定义为零。因此，由于投资组合中该板块的权重不属于选择效应的信息，理论上讲，我们可以用权重回报为零的投资组合计算出一个选择效应值。但是，从逻辑上来说，这样的计算是没有任何意义的。也就是说，你不能通过一个投资组合中不包含的板块来评价该组合基金经理的证券选择能力。因此，许多归因分析系统在计算选择效应时，直接将投资组合中不包含板块的选择效应定义为零。

交互效应

交互效应（Interactive Effect）可能是本章中最难理解的概念。交互效应衡量了资产配置效应和选择效应的综合影响。资产配置效应和选择效应相对来说比较直观，即衡量基金经理选择板块的能力和选择具体证券的能力。无论是否为刻意的行为，这两者都是基金经理决策的体现。但是交互效应不是衡量基金经理的显性决策，而是如名字所表示的那样衡量的是配置决策和选择决策两者之间是如何相互作用的。这只是一种粗略的概括，事实上在最早的 BHB 文献中，交互效应只是简单地被象征性概括成“其他”。

交互效应的公式结合了权重和收益之间的差值。因此，交互效应的计算如下：

$$\text{板块 } i \text{ 交互效应} = (W_i^P - W_i^B) \times (R_i^P - R_i^B)$$

如果把这个公式与之前两个效应的公式做对比，你就会发现这个公式同时把配置决策（公式中的权重差）和选择决策（公式中的收益差）都考虑进了计算过程中。因此，在基金经理超额配置一个板块，并且从该板块中选出收益超过市场参照的证券时，交互效应才为正值。换句话说，如果基金经理对某个板块的证券有更专业的研究，同时保持对这一板块分配更多的权重，那么他将得到正的交互效应值。同时，如果基金经理在某个板块的证券表现弱于市场参照时，选择减少该板块的权重，交互效应值也将为正。例如，某位基金经理对某个板块的证券不是很熟悉，因而在选出优质证券时有一定困难，但是他能成功预见到这一点，并且减少自己对该板块的投资，那么也将产生正交互效应。那么请大家继续思考，有哪些组合会导致负的交互效应呢？[①]

① 关于交互效应的更多信息，请参见文献 Spaulding, David, “Performance Attribution: A Powerful Tool for Identifying Sources of Investment Performance,” *Advent Software White Paper*, 2013。——译者注

总效应

绩效归因分析的目的是为了解释投资组合相对于市场参照的超额收益。我们现在假设归因分析的结果报告如表格 23—3 所示。周期性行业债券在投资组合中相对于整个投资组合的总效应（Total Effect）是 –10 个基点。这个数字是通过把资产配置效应、选择效应和交互效应相加而得到的。通过周期线我们可以看到，投资组合中对该板块分配的权重超过了市场参照基准，而该板块的表现则弱于市场。因此，在这个案例中，资产配置效应为正（对表现强于市场总体的板块进行了超额分配），选择效应为负（投资组合中，该板块证券的表现弱于市场中相应的参照基准），同时两者结合产生了负交互效应（对投资组合中表现弱的板块超额分配）。

对于周期性板块，有：

$$\text{配置效应} = (W_i^P - W_i^B) \times (R_i^B - R^B) = (60\% - 50\%) \times (1\% - 0.54\%) = 0.05\%$$

$$\text{选择效应} = W_i^B \times (R_i^P - R_i^B) = 50\% \times (0.75\% - 1\%) = -0.13\%$$

$$\text{交互效应} = (W_i^P - W_i^B) \times (R_i^P - R_i^B) = (60\% - 50\%) \times (0.75\% - 1\%) = -0.03\%$$

表 23—3　　不同板块的资产配置效应、选择效应、和交互效应示例

	投资组合		市场参照基准	
	权重（%）	收益（%）	权重（%）	收益（%）
周期性行业板块	60	0.75	50	1.00
防御性行业板块	35	1.25	40	0.25
能源业板块	5	0.20	10	–0.50
合计	100	0.90	100	0.54

（续表）

	资产配置效应（%）	选择效应（%）	交互效应（%）	总效应（%）
周期性行业板块	0.05	–0.13	–0.03	–0.10
防御性行业板块	0.01	0.40	–0.05	0.37
能源业板块	0.06	0.07	–0.04	0.09
合计	0.12	0.35	–0.11	0.36

注：由于取整的原因，总和可能出现细微偏差。

投资组合的整体表现超过市场参照基准 36 个基点（0.90%–0.54%），也就是下表右侧投资组合中各板块的总体效应之和。在投资组合中，周期性、防御性和能源业债券三个板块的总效应之和就等于投资组合相对于市场参照基准的 36 基点超额收益。

绩效归因分析中的双因子方法

由于交互效应不是基金经理主动决策的直接结果，因此，仍然有很多人就是否将交互效应纳入归因分析持反对意见。分析师或报告团队比较喜欢这类方法，是因为这样可以让研究报告更加接近真实情况。双因子绩效归因分析和三因子方法十分相似，但是其中去掉了交互效应。本质上，双因子方法将选择效应和交互效应合二为一。从数学上来讲，这一过程可以通过改变选择效应中权重的系数来做到。换句话说，你将用投资组合中板块的权重来替代市场中该板块的权重来计算选择效应，公式如下所示。而资产配置效应的计算（无论是用 B-F 模型还是 BHB 模型）将保持不变。

$$选择效应_{双因子}=W_i^P\times（R_i^P-R_i^B）$$

在双因子和三因子方法中，分析的关键都是收益的差值，也就是基金经理挑选证券的能力。支持和反对双因子方法的论点各有拥趸。其中一个反对观点的大致意思是，各板块的选择效应应该按照市场参照基准的收益率来计算，以便将证券选择的能力独立出来。另一个支持双因子方法的观点解释说，选择效应应该用来衡量对整个投资组合的影响，因此应该以板块在投资组合中的比重为权重系数加权平均。交互效应在整体分析中可能是一个有效的工具，但是它应该被视作选择效应的一个附属效应。很明显，两种方法各有各的优点，不过对此相关方面的讨论已超出本书的内容范围。

基于板块做绩效归因分析的挑战

正如其他分析方法一样，基于板块的绩效归因分析有自己独特的优点和缺点。该方法要把投资组合分解成各个板块来计算其各种效应的大小，其中一个最大的优点就是在板块的选择方面有很强的灵活性。但是，为了完成整个分析过程，即使一些风险因子很难被归进特定的组别，所有因子都要被强制分类才行。而另一方面，基于因子的归因分析可以对某个风险的整体效应进行分析。例如，即使是高收益债券也可分析利率对其的影响。这种基于因子的方法可以计算“曲线效应”（curve effect），而基于板块的方法只能分析包括久期、到期年限、息票利率或者其他可以体现利率风险的所有因素的整体效应。

对基于板块的方法的另一个批评说法是，这种方法可能混淆或至少混合了有意和无意的配置决策。例如，偏好问题信贷的基金经理在分析债券时，可能只会关注债券的基本面。这样一来，投资组合便可能会给票息较高的债券配置更多权重。在利率上升的市场环境中，基于板块的归因分析如果用票息利率来划分市场中的各个板块，那么就可能对该基金经理投资组合中低票息板块的资产配置效应给出正值（因为低票息板块在利率上升时表现会弱于市场，而该组合由于偏向高票息债券，其中低票息板块的权重很低），但是这样的持仓情况并不是因基金经理刻意决策而产生的。

最后，归因分析的一个关键缺点就是，这种分析方法是完全基于事后数据的分析方法，因此会在实际使用中受到限制。换句话说，绩效分析报告告诉我们的是，哪些因素在过去的一段时间里相对于市场增加了收益，而哪些因素起到了负面作用。当然，在下一个时间段内，市场未必和历史处于相似的环境。但是理解投资组合如何配置以及各个板块之间的相对收益水平，对我们来说是十分有益的。这可以帮助投资者们在构建投资组合时，把自己对市场形势和整体经济状况的判断相对接，根据自己的观点来改变投资组合的仓位。

结语

投资组合分析和归因分析是所有投资领域中数据分析的主要方向。正如本章所描述的那样，在企业债市场中使用归因分析还存在很多需要注意的细节。进行归因分析的方法有很多，我们可以把股票市场中的归因分析和固定收益市场中的归因分析取长补短结合使用。分析过程中的一部分工作就是要决定哪些因素是收益的驱动力。如果你想要使你的分析具备更强的预测能力，那你必须要知道市场正处于什么样的周期和什么样的时期。这样一来，你就可以通过对照过去相同周期的市场数据来进行投资组合的归因分析。

不仅投资组合经理和资产配置经理在研究归因分析的方法，许多卖方机构的交易部门也将风险管理和绩效归因分析中的技术应用于交易操作中，从而从中获益。例如，他们可以在观察其他公司的平均仓位之余，根据分析主动建立仓位，这对于理解双方的行为是很有帮助的。

DATA ANALYTICS FOR CORPORATE DEBT MARKETS

Using Data for Investing, Trading, Capital Markets, and Portfolio Management

第十部分

数据分析前景

罗伯特·克里切夫

我坚信数据分析在企业债市场中仍然处于早期发展阶段，当下越来越先进的电脑系统和越来越详细的市场数据将进一步推动更高级的分析技术在企业债市场中的应用和推广。

毫无疑问，企业债市场监管中所需数据的复杂性和稳健的高品质价格数据的缺失抑制了分析方法和技术的发展。但是即使这些问题存在，也依然阻碍不了数据分析应用在债券市场中的广泛应用。本部分提及了一些数据分析的最新发展情况，希望能起到抛砖引玉的作用，帮助和推动数据分析在企业债市场中得到更广泛的应用及更多样的使用方式。

24 未来企业债市场数据分析展望

近年来,企业债市场的规模出现了巨幅增长,而市场分析技术的发展更为迅猛。市场中对数据分析的需求还会在未来几年中持续上升，相信大多数的交易应该来自于资产管理经理或第三方运营商，而不是之前主流的投行与经纪公司。

当下所使用的技术和方法依旧相对简单，但是它们在未来很可能变得越来越复杂。本章概述了一些分析可能延伸至的领域，以及开发尚未成功的领域。其中许多方法并不需要人们真正花时间来拓展，但是会帮助投资者、交易员甚至资产管理经理更加快速、有效地对市场做出反应。

债券数据和基本面数据

我们有一个重要的需要改进的地方，那就是把债券数据和信用分析有效地联系起来，在这个领域增强自动化可以帮助我们提高分析和决策的速度。

当下许多系统都能提供稳定、有效的债券数据和资料，如收益率、价格以及久期。但是它们无法嵌入到显示如杠杆比率或公司利润的系统中。一旦进入下一轮信用风暴周期，我们对于能发出更多警示的、标示出潜在违约条款的模型的需求便会攀升。它们可以在刚刚更新、维护测试显示即将违约时，或在基本面数据变化不大的情况下，或在出现价格急跌时立即通知投资人，把这些数据连接在一起会让我们的交易变轻松许多。

金融数据第三方供应商

长期以来，我们都需要使用第三方所提供的金融数据来运行。不少金融数据第三方供应商的服务很好，其金融数据被广泛使用。这种方法的确看起来既省钱又省力，但是却蕴涵着许多风险，过于依靠这些数据来制定投资决策会在投资中遇到麻烦。

这类服务对于迅速查看公司的情况会提供很大帮助，有时也可以用作快速查询和排序。如果该公司原本并没在投资经理的关注名单中，而投资经理又想对其有个迅速的了解时，那么这份数据对他会有一定的帮助。

然而在使用这类数据库做分析时，一旦你所使用的关键部分存在偏差，墨菲定律就要生效了，第三方数据供应商所缺失的数据一定会使你的投资决策或交易产生亏损。

或许你的分析不至于犯低级错误，但是问题是当你看到财务报表时，细节上的问题会导致你对其理解造成一定程度的误差。例如，不同的人在计算调整过的EBITDA时会使用不同的方法，有的人会加入一次性重建费用，而有的人不会。你也可以使用其他不受第三方运营商影响的指标，比如一次性费用、损益表流入流出，甚至总负债的计算。

财务数据随着发布时间的不同可能会出现很大的区别。不管怎样，你都需要通过财务报表来了解一家公司。尽管许多在大量数据中没发觉的问题看起来微不足道，但是它们却可能导致严重的后果。比如说，如果把数据库中的运营资金做一点改动，然后将它放入算式表中。虽然这看起来只是轻微的改动，但是可能会因此漏掉在过去一段时间内库存费用或待付款项的飙升，而类似这样的情况正是评估公司运营的实际情况。此外，一旦你对一家公司保持了一段时间的关注，那么你会对它财报中不寻常的事物（同时包括好事、坏事）有着高敏感度，甚至财报中的微小变化对你而言都是巨大落差。

过于依赖第三方财务工作簿会让最严谨的分析师远离真相。但是我们原本在读这些财报时（尤其是脚注），应该能经常发现体现公司信用质量的真实信息。

文字识别使用的需求增加

文字搜索技术和文字识别技术在分析季报和证券交易委员会（SEC）的文件时的使用频率大幅提高。

比如说，也许你正在担忧一家公司卖掉自己的部分业务，而一套能够及时在第一时间提醒任何与该公司有关的新闻或关键字的系统将会对你大有帮助，尤其是在某些信息以长文案的形式进行披露时。

文字识别技术还可以在合约分析中提供帮助。关键字以及特定术语经常贯穿整篇文件，但是当我们在阅读条款时，特定术语的解释通常置于很远的位置。如果能把这些定义和条款连接在一起，那么你将节约出大量的时间。

协议分析

通常协议分析是一个繁琐的过程，所以对其自动化进行哪怕微小的改进也会对我们提供巨大帮助。

协议在不同债务工具之间有着重要区别，在高收益债券市场和杠杆借贷市场中尤甚。协议通常在某特定场景中起到关键作用，但是这很难让人对其做出提前预判。比如说，如果一家公司正在并购，但是却受到债务协议中杠杆测试的限制；或者债务投资协议中允许额外借贷；或 EBITDA 杠杆测试定义允许在并购时对惯例做出调整（该定义是否独立于债券用语）。对于像上段文字中的这个案例，当认为协议对投资产生重要影响时，就把它们制成图表，这其中包括重要比率以及决策树。如果协议可以制成图表，那么系统便可以在金融信息更新时自动进行运算。

有人曾尝试对协议进行量化评分。但是这种方法至今为止并没有被广泛应用，我们相信这种方法受限制的原因是系统的主观性与有限的实用价值。这些协议出现问题可能是在细节方面，但是对于系统来说这些细微差别是它们无法识别的。此外如前文所述，量化评分在分析特定事件上难以提供帮助。

多场景分析

随着企业债市场参与者越来越多使用数据分析，多场景分析的使用频率也很有可能逐渐增高。我认为模拟投资组合模型中的任何具体信用场景和债务工具都应该进行经常运行、测试。

这些场景可以在形式上进行并购，或为一个整体的资产结构再融资场景进行总收益分析。许多地方都有程序和算式簿定期或专门来做这件事。可以预见在一段时期之后，每天早晨投资组合经理或交易员就会看到自己想观测的仓位的此类报告。这可以为相关债券出现下跌风险的场景提供深刻、有价值的分析。

数据挖掘

市场中对数据挖掘的使用很可能会有所增加。在宏观风格的固定收益对冲基金中，很多公司已经用这种方法来追踪不同资产类别之间的关系，以及结构性产品与标的资产之间的关系。

交易员们通过一些方法寻找套利机会，比如买入一只 ETF 并做空一篮子该 ETF 标的债券。我认为，数据挖掘会更广泛地应用在分析、寻找市场子板块间的交易机会上。如果是这样的话，更多市场参与者会依据数据来寻找不同板块之间的关系。

大数据和数据挖掘技术的使用必然会被引入到企业债市场中，只是这仍需一段时间。把债券交易数据和企业金融数据连接到同一平台中会为数据挖掘技术提供更多处理方案，其中最好是使用价格数据来帮助实现该技术。

指数

迄今为止，指数在企业债市场的数据分析中一直起着牵引力的作用。尽管指数的使用方法已经得到不断地演化，但是在结构化产品中指数的实际使用空间却十分受限。

近期一些指数产品的持续发展，与以下因素密切相关：如自定义搜索和查询的增长、实时数据的增加、全球发行人数据的增加、自动对冲固定利率和浮动利率的能力以及对冲汇率能力的提升，杠杆借贷和全球债券市场都在逐渐成为重要的资产类别。

市场中需要更普适和更具体的杠杆借贷指数。然而在杠杆借贷市场中，收集数据所遇到的难度并不是在短时间内可以得到有效解决的。该市场中的交易十分分散，通常是由银行所控制（合约转移时需要得到许可）。如果识别不当（比如债券中的 CUSIP 系统[①]），那么在建立指数和数据库时会遇到一些小麻烦。此外，脚注信息可能在你根本没注意到的情况下出现变更，这意味着这种情况发生时只有主要持债人才有可能被通知到。

正如前文中所述，所有广泛使用的指数都由投行研发管理。受到对此类产品的管制压力，投行的 IT 资源更倾向于被分配到法律法规方面，而不是用于改良指数产品。此外，企业债市场中没有一个能像股票指数那样引领市场的主力指数。因此，人们常因选择哪个指数而出现意见分歧。为杠杆债务资产类别研发出主力指数是一件很有价值的事情，但是我相信这件事很可能最终由第三方运营商来完成。

定价和流动性

在为数据分析系统研发追加投入之前，人们会对企业债市场中价格信息的质量有些疑虑，任何能提高交易透明度和成交量准确度的进步都可以增加数据分析的价值。

如果在获取价格时遇到麻烦，我们一定难以顺利地执行操作。大多数债券和借贷的流动性都很低。如果你斥大量资金投资了分析系统，而且系统向你显示你应该参与某只债券时，却发现流动性不足，那么你应该质疑该分析工具的投资价值。

自动化和流动性缺陷很可能促使电子交易平台的进步。这类活动在股票市场

① CUSIP 系统为发行出的每笔债券都制定了一个独特编号。——译者注

中从未停止过，但是在企业债市场中还有巨大的发展空间。经纪公司能买入并持有的债券资金额度越高，他们就越需要找到买家对手盘。流动性会限制各个价位的成交量，当下这种交易环境为具备检测多方交易的电子交易平台提供了发展空间。

对数据分析的担忧

到目前为止，数据分析工具和方法都是由卖方公司开发的。大多数国家对投行的政策监管要求是随时变化的，所以投行在监管报告上投入了大量资源。投行对企业债市场数据分析的投资会远远低于这一部分的开销，即使这能帮助投行提高风险管理能力。这段时期对数据分析的开发节奏可能会放缓，但我们应该相信市场参与者对于数据分析投资的意愿会随着时间而变化，可以预见那些资产管理公司一定会在这个领域中进行投资，以此为他们的客户带来更多便利。

结语

数据分析是企业债市场中一种十分宝贵的工具。虽然每名市场参与者都会直接或间接地运用一些数据分析工具，但是对于那些有章法地将数据分析整合进自己投资过程中的投资者来说，数据分析工具将为他们带来巨大的优势。合理地运用数据分析可以帮助市场参与者更好地分配资源，并在市场趋势开始出现改变时能快速和准确地作出反应。

与其他分析方法一样，数据分析并不是所有问题的终极解决方法。在企业债市场中，运用数据分析还存在许多难处，比如你可能会碰到很多陷阱，或使用数据分析得出的结论是有缺点和不完善的。相对于股票和政府债市场而言，我们在研究企业债市场相关数据库时需要更多的信息和数据。此外，在企业债市场中执行投资策略所需要的价格数据和交易的流动性都十分有限。受限制的定价能力以及经常变动的市场结构，使我们在进行历史数据分析和结构分析时经常会遇到潜在的错误和陷阱。最后，数据分析也像信用分析一样可以被用来对未来进行预测。虽然这种用来预测的模型也许已经做到尽可能精确和理性，但是这些预测模型始终是基于历史数据，不管怎样都会或多或少包含一些主观因素。请读者们切记：无论分析哪个金融市场中的历史数据，如果你把市场中的某个模式当作自己的交易规则，那么迟早有一天某个特例就会将你击垮。

本书介绍了许多目前在市场中正在使用的分析工具。本书还讨论了在未来的市场中可能用到的一些分析工具。读者千万不要认为书中所介绍的就是这些工具的所有应用方法，也不要认为市场中不会再有其他分析工具被开发或应用。因为现存的许多分析方法尚且相对简单，市场在这一方面还有很大的进步空间；特别值得关注的是，关于单位信用风险的回报等理论还有很长的路需要探索，并且它们可能会在市场中衍生出更多新的分析方法。

对于大多数市场参与者来说，他们的终极目标还是挑选出正确的信贷和债务投资工具来满足他们的需求。但是，当投资者们朝着这一目标前进时，最好不要闭门造车。希望本书介绍的分析工具可以给投资者们提供一定帮助，并且让整个分析过程变成更有效率、有重点、有条理。我衷心地希望读者们都能认真地思考，并研发出更多分析市场的方法。

北京阅想时代文化发展有限责任公司为中国人民大学出版社有限公司下属的商业新知事业部，致力于经管类优秀出版物（外版书为主）的策划及出版，主要涉及经济管理、金融、投资理财、心理学、成功励志、生活等出版领域，下设“阅想·商业”“阅想·财富”“阅想·新知”“阅想·心理”“阅想·生活”以及“阅想·人文”等多条产品线。致力于为国内商业人士提供涵盖先进、前沿的管理理念和思想的专业类图书和趋势类图书，同时也为满足商业人士的内心诉求，打造一系列提倡心理和生活健康的心理学图书和生活管理类图书。

阅想·财富

《我的人生样样稀松照样赢：呆伯特的逆袭人生》

- 互联网上最有趣、最具影响力的人物，20世纪最杰出的商业思想家和观察家，影响世界的《呆伯特》漫画作者、《纽约时报》畅销书作者。
- 以其独特的诙谐手法讲述了一个男人一路跌跌撞撞从无数尴尬的失败迈向成功的逆袭。

《索罗斯传》（白金珍藏版）

- 他似乎拥有控制市场的超级能力！某种商品或货币的市场价格会随着他的言论上升或下跌！
- 他的一生毁誉参半。他到底是“市场驱动者”，是“金融界的超级明星”，还是“投机客”？他到底是投资界的“魔鬼”，还是悲天悯人的“慈善家”？为什么他又自诩为“金融哲学家”、“无国界的政治家”？
- 罗伯特·斯莱特将引领我们进入这位大师的思想深处，让我们看到一个真实的索罗斯。

《希尔顿王朝：美国传奇家族的艰苦创业史》

- 高居美国亚马逊传记类超级畅销书排行榜。
- 《纽约时报》最负盛名的《卡米洛特时代之后：肯尼迪家族史》《拯救玛丽莲·梦露》《迈克尔·杰克逊的魔力与疯狂》等传记类畅销书作者倾情打造。
- 一部《今日美国》推荐的“充满跌宕起伏、商战、奇闻轶事和爱情故事”的家族发家史，为你揭开希尔顿酒店庞大帝国的神秘面纱。

《空虚的豪宅：美国神秘女富豪的传奇人生》

- 一段由空房子引发的普利策获奖记者揭秘调查，从此揭开美国最为神秘的隐居女富豪的传奇人生，带你走进美国政商巨擘克拉克家族的百年沉浮史。
- 《纽约时报》年度最佳图书之一。
- 曾长期位居畅销书排行榜第 1 名，本书一经出版，年销达 15 万册。

《蓄势待发：股票交易实战录》

- 新浪博客点击量第一、“2009 年度最受欢迎财经博客百强”得主、著名股票博客博主徐小明，新浪财经知名博主百年一人撰文推荐。
- 真实再现华尔街最牛操盘手扣人心弦、绝处逢生的交易场景，见证自谷歌以来影响力最大的 Facebook IPO 的伟大历史时刻，感受美股最大乌龙事件过山车般的惊心动魄，在交易员的操盘实战中学会像职业交易员一样思考。

《金融的狼性：惊世骗局大揭底》

- 一部深度揭示世界金融大案前因后果和血泪教训的、写给所有投资者的警示书。
- 投资者的防骗入门书，涵盖金融史上最惊世骇俗的诈骗大案，专业术语清晰易懂，阅读门槛低。
- 独特视角诠释投资界风云人物及诈骗案件。

《巴菲特投资圣经：价值投资的 24 条黄金法则》（精装版）

- 巴菲特找到了并不复杂的投资股市的成功途径。任何拥有一般智力水平的人，即使没有专业人士的帮助，也完全可以成为一个成功的价值投资者，因为理性投资的基本原则很容易理解。
- 了解巴菲特朴素而富有哲学性的价值投资智慧，读这本书足矣。
- 献给所有追随并渴望获得如巴菲特一样成就的人。

《声誉至死：重构华尔街的金融信用体系》

- 一部声誉理论的兴衰史，半部华尔街的发展史。
- 耶鲁大学法学院教授、声誉理论拥护者新作。
- 美国证券交易监督委员会第 26 任主席哈维·皮特倾情推荐。
- 所有关心金融体系生死存亡、资本市场健康及福祉的人的必读书。